人・場・組織を回す力

Brightening the Workplace Interaction

楠本和矢
Kazuya Kusumoto

CROSSMEDIA PUBLISHING

新しいリーダーの力、
それは「人・場・組織を回す力」

本書で得られるものとは、自然体で相手の心をつかみ、メンバーがいる場を愉快なものとし、そして豊かなコミュニティにしていくという、まさにこれからの時代を生きる、新しいリーダーに必須となるスキルです。

あなたは職場や日常の関係の中で、周りからどのように思われていたいですか？「いてもいなくても、どうでもいい」と思われるのはつらいものです。せっかくなら「この人には、いつもいてほしい」と思われ、できれば周りから尊敬もされたいですよね。

ただ強引な進め方をしたり、ぐいぐい前に出て目立とうとしたりしてまで、人に受け入れられようとは思わない、もっと自然体でいたい、と考える方も多いでしょう。それで問題ありませんし、私自身もそうです。ただ、人から全く認められなくてもいいとも思わないでしょう。

そういう「前に出る型」のアピールではなく、無理せず一歩下がったところからのコミュニケーションを通じて、

「この人といたら、何となく気持ちいい」
「この人がいたら、場が楽しくなる」
「この人のおかげで、組織が活き活きしている」

そんな風に周りから思われる方法や、リーダーシップの方法があるなら、その技法を身に付けてみたいとは思いませんか？

それが、本書でご紹介する「人・場・組織を回す力」です。

①人を回す力……相手との何気ないやりとりを通じ、徐々に好意を集めていく力

②場を回す力……メンバーとのやりとりを通じ、その場を愉快なものにしていく力

③組織を回す力…そのコミュニティを裏方で支え、さらに活性化させていく力

最初から全部をやる必要もありません、誰にでも簡単にできるコツから、やや高度なスキルまであり、ちょっとずつ、段階的に進めていけるようになっています。つまみぐいでも問題ありません。60点くらいを目指せば充分です。

本書を手に取ってくださったあなたは大変幸運です。この本をきっかけに仕事、人間関係、そして人生をさらにいいものにする方法をぜひつかんでもらいたいと思います。

Lev. 2 積極リスペクト

Lev. 3 ＋αの反応

Lev. 4 話のパス回し

Lev. 5 散らかりの収拾

Lev. 6 前向きな提案者

プロローグ

「回す力」を身に付けよう

「回す力」とは何か

本書のタイトルである「回す力」の由来は、芸人さんがよく使う「回す」という表現です。この言葉は、いつからか芸人さんが使うようになり、TVを見ている我々のような一般人にも、何となく浸透しています。皆様も聞いたことはありますよね。それについての明確な定義はありませんが、

複数人がいる場で、メンバーから発言を引き出し、
場を活性化させるためのコミュニケーション

一般的には、おそらくそんな風に理解されています。ただし本書でお伝えする「回す力」とは、芸人さんが駆使するような、高度な話術を身に付けてもらおう、ということが趣旨でもなく、またテレビ番組のMCのように、前に出て華やかに仕切りましょう、という提案でもありません。

そのエッセンスを、仕事の場面や日常生活の内で使えるように落とし込み、**円滑なコミュニケーションと、そして組織を率いるマネジメントに繋げてもらうための、汎用的な技法**です。

できるだけ、わかりやすくご理解いただくために、様々な事例を用意しました。真面目なものから、ちょっとふざけたものまで、いろいろありますが、ぜひ楽しんで読んでみてください。

「回す力」が、新しいリーダーに必要な理由

世の中には、様々なコミュニケーション・スキルや、マネジメント論などがありますが、これからのリーダーにとっては、この「回す力」が、とくに重要になっていく、と考えています。このパート、ちょっとだけカタい感じになりますがご容赦を。

今の世の中は、まさに混迷の時代です。今までの仕事のセオリーや常識が通用しなくなったり、若年世代との価値観ギャップが問題となったり、様々な場所で多様性が求められたり、といろいろ大変です。

そんな混迷を極める状況の中、リーダーシップを発揮し、成果を上げて認められる存在になるためには、今までの自分の常識や、知っている情報だけをベースにしていては不充分です。仕事だけではなく、日常の関係でもそうです。

そんな時代だからこそ、**オープンな姿勢で人や新しい情報を受け止める力や、周囲との知的なやりとりの中で新しい知恵を生み出していく力**を携えないと、変化に対応できません。言わば、コミュニティの潤滑油となってパワーを引き出し、発揮するためのスキルともいえます。

まさにそれが、本書でお伝えする「回す力」です。

「すごい人」の２分類

今までの人生の中で、「すごいな」と思える人と多く出会ってきました。そういう方々からいただく貴重な学びがあり、何とか今まで生きて来られたと実感しています。

そして、そんな人達を思い返しているときに、ふと「すごい人」には、いくつかのタイプがあることに気が付きました。それを極力単純化し2つに分類してみると、

A) 能力高いこと分かる × こっちは圧倒されるだけ
B) こっちも話せるし考えられる × 能力高いこと分かる

Aのタイプは「うわーこの人すごい」と、いきなり圧倒されてしまうような、見るからに才気みなぎる感じの方です。一方で、Bのタイプもいるのですよね。とても感じがよくて、圧迫感など全く感じることもなく、こちら側もいろいろと話したり考えたりできるような方です。そんなBさんとやりとりを続けていると、あるときふと気が付くのです。

「この人といると、不思議といつもいいアイデアが出る…」
「この人がいると、なんか自分が楽しい…」

というように。

そこで初めてすごさに気付くのです。実は、気持ちよく、知的な時間を成立させていたのは、Bさんの力だということに。そんなやりとりの中で、新しい知恵を生み出し、コミュニティを活性化できているから、高い成果を上げることができているということにも。

この後、本書で紹介する「回す力」とは、今までなかなか見えてこなかった、そんな「すごい人」がやっていることを、自分なりに整理し、体系化したものでもあります。

ただ残念なことに、そんな技法を知らないために、自分の能力の高さとは裏腹に、相手から、自分の能力に見合ったポジティブな気持ちを持たれないばかりか、ネガティブな感情を与てしまうことさえあります。それは非常にもったいないことですよね。

皆様は、相手に対してそう思ったり、相手からそう思われたりしたご経験はありませんか？ それは人間性や性格の問題などでは決してなく、いくつかのコツを知っているか否か、というシンプルな問題であると思います。

本書は、読みものでなく、「手引き本」

私の本業は、事業変革をテーマとしたコンサルティングや、企業の組織開発や人材育成などのお仕事です。そこで培ってきた様々な方法論をビジネスパーソンにお伝えするべく、コンサルティングの仕事に加えて、ビジネスコミュニケーションをテーマとした書籍や、ビジネスにおける「心理」の活用法をテーマとした書籍などの刊行、大規模な講演や企業内研修などを積極的に実施して参りました。

本書は、今までに培ってきたノウハウをできるだけ多くの皆様にお伝えするべく、多くの方々と交わしてきたコミュニケーションの中で得た、ユニークな気付きや学びをふんだんに交え、仕事の場面のみならず、日常生活の中でも再現できる方法としてアレンジしたものです。

読んでも、再現の方法がイメージできないような、概念的／教科書的な内容は一切ありません。

持論をダラダラと言いっぱなしにしたような「読み物」ではなく、読者の方々に「スキルやコツを身に付けてもらうこと」を目的とした「手引き本」だと捉えていただけると嬉しいです。

段階的に身に付けていける構成

本書でご紹介するいくつかの技法は、誰でもできる簡単なテクニックから、ある程度意識しないとできない、デキる人が自然にやっている、やや高等なテクニックまでを網羅しています。

そして各技法は、できるだけ簡単に始めやすいよう、いくつかの**段階に区切り、難易度が低い方法から、徐々にレベルを高めていける構成**にしました。いきなり難易度の高い内容から入り、つまずいてしまうともったいないですし、実践する気も起きませんよね。

また各段階は、人や場を回し、そのコミュニティの中で、自然に人望を獲得するまでの、人間関係の構築ステップとも同期しています。ベースの人間関係ができていない状態で、いきなり張り切って「回し始める」のは、さすがに難しいものです。

少しずつ身に付けていくだけで、「回せる人」に近付いていきます。繰り返しになりますが、重要なのは、生まれ持ったセンスや才能ではありません。コツを身に付け、それを実践できるかどうかです。

「回す力」の６段階と、20の方法

「人」を回す

「場を回す存在」となる前に、相手から好意をもたれ、良好な人間関係を構築することは必須です。そのために効果を発揮する、簡単な「コミュニケーションのコツ」はあります。まずはここをおさえ「人の心を回せる」存在になりましょう。

常にポジ姿勢

〈方法①〉ひとまず共感しよう

〈方法②〉納得できなくてもかわそう

〈方法③〉ポジ表現に変えよう

〈方法④〉質問で気付いてもらおう

〈応用編〉相手からイジられたときの反応の仕方

Lev. 2

積極リスペクト

〈方法①〉人とは異なる姿勢に触れよう

〈方法②〉過去にしてもらったことに感謝しよう

〈方法③〉自らの学びに繋がったことを伝えよう

〈方法④〉手柄を相手にプレゼントしよう

〈応用編〉マウントを取ってくる人への対処法

「場」を回す

話をうまく受けたり、相手にパスを出したりしてその場を盛り上げる、つまり「場を回す」ことができれば、皆にとって愉快な時間となります。そしてその結果、あなたの存在感は自然に増し、話の中心にいる回数も増えていくはずです。

Lev. 3 ＋αの反応

〈方法①〉「＋α」のリアクションをしよう

〈方法②〉的確な「突っ込み」を入れよう

〈方法③〉もらった話に「返し」を入れよう

〈応用編〉突っ込み／返しをさらに強化する工夫

Lev. 4 話のパス回し

〈方法①〉シンプルに振ってみよう

〈方法②〉「ちょっと考えてもらう」質問をしよう

〈方法③〉「妄想的」な話題をつくろう

〈応用編〉「裏回し」という技法

「組織」を回す

しばらくコミュニティにいると、時として話が順調に進まない場面や、何となくマンネリを感じる場面もあるでしょう。その時々を盛り上げるだけでなく、コミュニティの空気自体を整えたり、活性化したりするための方法も身に付けましょう。

Lev. 5 散らかりの収拾

〈方法①〉そもそもの「目的」を確認しよう

〈方法②〉ズレたら、やさしく正そう

〈方法③〉選択肢を出し、基準で選ぶ

〈応用編〉よくいる「決めたことを壊しにかかる人」に対抗する

Lev. 6 前向きな提案者

〈方法①〉「ひとり言的」に提案をしてみよう

〈方法②〉「メンバーを喜ばせる」提案をしよう

〈方法③〉「何かに挑戦する」提案をしよう

〈応用編〉「質問型」の表現で提案してみる

たまに復習も必要です

ここから本編が始まります。ぜひ、今までのご経験や、現在の状況などと照らし合わせながら読み進めてください。きっといろいろな気付きと、たくさんの「すぐに使ってみたい技」が見つかるはずです。

ご紹介する技法は、できる限り分かりやすくかみ砕いているつもりですが、お伝えした通り、これを一度読んだだけで、すぐに実現できるものと、そこまで難しいものではないにしても、ちょっとした鍛錬が必要なものの両方があります。

皆様におかれましては、それですぐ「面倒だな」と思うことなきよう。ちょっとした鍛錬が必要なテーマだからこそ、人と違う何かになれるチャンスがあります。

本書をたまに読み返しながら、意識して取り組んでいけば必ず為せると信じてください。ぜひとも、読みっぱなしにしないようにしてくださいませ。心からのお願いです！

Lev.
1

積極リスペクト

＋αの反応

話のパス回し

散らかりの収拾

前向きな提案者

常にポジ姿勢

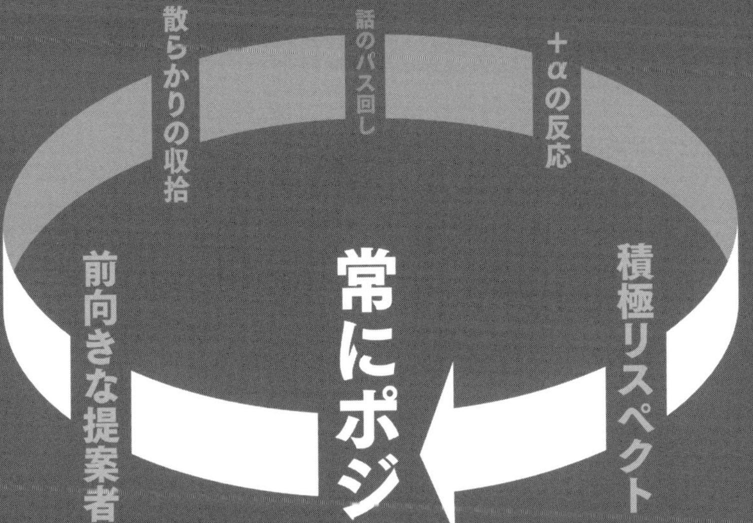

Lev. 1 常にポジ姿勢 ―概論―

出発点は「一緒にいて気持ちいい」と思われることから

友達でも同僚でも、「回せる」人に共通しているのは、周りにいるメンバーから「好意」を持たれているということです。逆にそうでない人に「場を回す」機会は訪れません。第一段階としては、まず「この人といても不快ではない」「一緒にいて気持ちいい」と思われる振る舞いをすることです。

ただし、好意をもってもらおうとするばかりに、相手があなたのことをあまり知らない状態や、あなたも相手をよく分かっていない状態で、無理して自分の話でアピールすることは得策ではありません。相手の性格によっては、嫌がられてしまう恐れもあります。

かといって、何も話さなかったり、相手の話に対して薄い反応を繰り返していたりしても存在感が出せず、「不快ではないが、いてもいなくても変わらない人」とみなされてしまいます。

まずやるべきことは、**相手の話に対して、何らかの感想や考えがあることを相手に示すために、きちんとリアクションすること**です。これは、人間関係を構築する上での、出発点とも言えるでしょう。もし自分が誰かに何かを話して、弱いリアクションしかくれなかったら、その人に再び話を振ろうとは思いませんよね。相手からパスをもらえなくなると、そこから話を拡げたり人に振ったりすることもできません。いつまでも「その他大勢のひとり」という位置付けが続いてしまいます。

その際のポイントは、「ポジティブに」ということです。何気ない楽しい会話であれば、全く難しくはありません。気を付けたい状況とは、相手が話す内容について「訂正」したいと思ったり、「異論」があったりするときです。

そこで冷静になってほしいのです。**その場で訂正をしたり、異論を述べたりすることにどれだけの意味があるのだろうか？**と。自分の正論を伝えるメリットと、相手に否定的な反応を返すリスクを天秤にかければ分かるはずです。筋を通さなければいけないところで頑張ればよいのです。

方法① ひとまず共感しよう

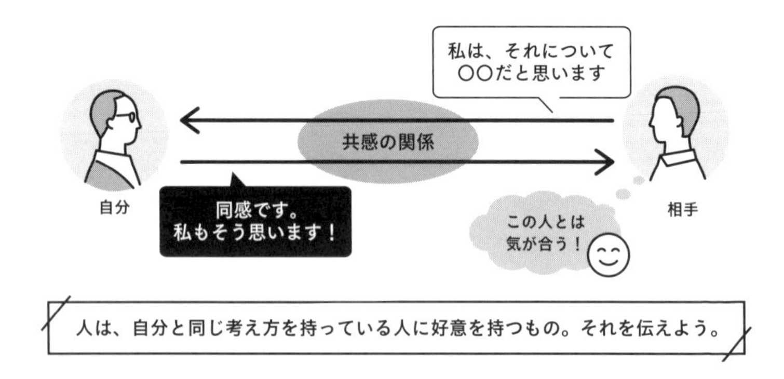

人は、自分と同じ考え方を持っている人に好意を持つもの。それを伝えよう。

最初にご紹介するコツは、相手の話に対して、「ひとまず共感する」ということです。これが効果的である理由とは、「自分と同じ考えを持っている人に対しては、共感しやすい」という人間の心理の存在です。それをやることで何のリスクも生じることはありません（ただし、人の悪口に対して共感してはいけません。詳細は後述します）。

相手が話す内容について、本当に納得ができたら、「なるほど、いい話だな…」と思っているだけではダメです。**その気持ちを言葉で表さないと、決して相手には伝わりません。**自分の気持ちは、想像以上に相手に伝わっていないものです。

リアクションの方法としては、「へぇー」「なるほどー」「そうなのですねー」という薄い表現ではなく、ポジティブに捉えた気持ちが伝わる、ちょっと丁寧な表現が望ましいです。

「ポジティブな反応」のイメージ

- 同じ気持ちだ…
  - 「その気持ち、よく分かります」
  - 「同じように感じることが多いです」など
- 納得できる…
  - 「確かにその通りですね」
  - 「仰るとおりです」「間違いないです」など
- 驚いた…
  - 「それは本当に驚きです」
  - 「素晴らしいですね」など
- 尊敬できる…
  - 「○○さんだからこそですね」
  - 「さすがですね」など
- 学びになる…
  - 「本当に、勉強になります」
  - 「大変参考になります」など

以上のように、とりあえずポジティブに反応する習慣を持っている人は、世の中に結構います。その重要性を肌で感じ、自然と身に付けていった方も多いと思います。私自身も、その内のひとりです。

また、先ほど紹介したポジティブな感想に、そのように感じた「具体的な理由」を添えるという方法もあります。ちょこっと情報を添えるだけなのですが、それだけで、受けとる側の印象は格段によくなります。

「具体的な理由」を沿えるイメージ

- **「○○について、本当にその通りですね。
○○みたいなこと、私もよくありますし」**
- **「△△さんが達成したその成果は、本当に凄いですね。
他にもいろいろなメリットも生まれてきそう」**

以上、「ひとまず共感する」という方法をお伝えしましたが、いかがでしたでしょうか？ Lev.1として、できるだけ簡単に実践できるものとしました。シンプルですが、相手との気持ちよい関係をつくるために、とても重要なアプローチです。

また、相手の話を聞いてリアクションする、という行為は、長い人生の中で膨大に繰り返されていきます。**毎回のそれが、何のメリットにもならない「しょぼい言葉」でしかないと、取り返しのつかない「機会損失」として積み重なっていく**恐れもあります。そう考えると恐ろしくないですか？

「合コンのさ・し・す・せ・そ」

もはや古典に近いですが、

「さすが」「知らなかった」「すごい」
「センスがいい」「そうなのですね」

という、汎用的なあいづちの頭文字をとった、飲み会などの場で相手をいい気持ちにさせるための有名なフレームです。これは、飲み会用途だけでなく、いくつかは日常生活や仕事の中でも使えます。

私が最もよく使うのは「さすがですね」というあいづちです。相手が伝えてくれた内容への共感と、相手そのものにリスペクトする気持ちが、その一言に全て入るので便利です。
「知らなかった」はあまり使いませんが、少なくとも、相手が丁寧に教えてくれたことを「それ知ってますよ」とつっけんどんに返さないことは重要でしょう。

また「すごい！」「センスがいい！」はカジュアルな用途限定で。「そうなのですね」は、相手の話について、肯定も否定もしたくない（適当に流しておきたい）ときによく使います。

方法② 納得できなくてもかわそう

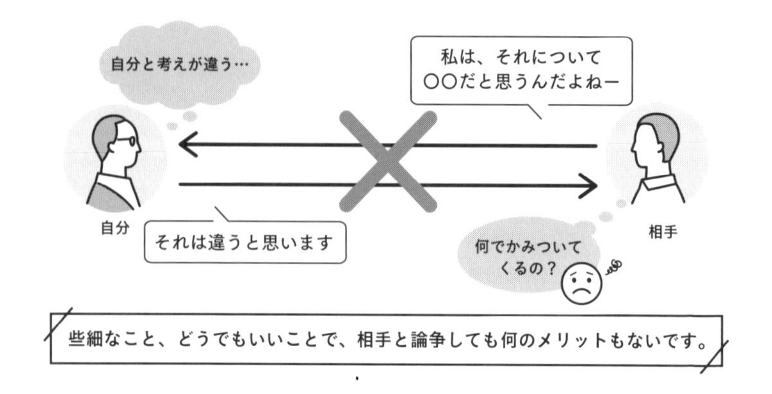

些細なこと、どうでもいいことで、相手と論争しても何のメリットもないです。

ポジティブなリアクションが難しいのは、相手の話に「納得ができないとき」です。つまり、自分の考えと異なる発言があったときや、自分の考えを否定されたときです。そんなとき、どういう反応をすべきでしょうか。

人間誰しもプライドはあるので「いやそうではなく…」と食い下がりたい気持ちにはなりますが、そこで冷静に考えてみましょう。ここで反論し、論破することにどれだけ意味があるのかということを。

相手の話が、自らの尊厳に関わることや、自分が進めている取組に関わることならば別ですが、単なるその場限りの話で、**反論したって無意味、波風立てる意味が全くない、と判断すれば、適当に「そうなのですね」「なるほど」と共感しておけばOK**です。必要ないところで戦っても、何の戦果もありません。

ただし、人の悪口に対しては、適当な感じでも「共感したリアクション」をすることはよくありません。相手が聖人君子でもない限り、時として人に対する愚痴や悪口などが出ることはあるでしょう。そういう場合は、迂闊に「共感」してしまうと、自分が言ったかのようにされてしまう恐れがあります。かといって、正論を振りかざし「そんなことを言うのはよくない」「○○さんは、そんな人ではない」などと言ってしまうと、矛先が自分に向いてしまう恐れもあります。

ですので、悪口や愚痴のような話題については、一応受け止めつつも、上手くかわす、否定も肯定もしない方法を覚えておきましょう。具体的には、相手が言った、その内容自体に共感するのではなく、**相手の「自分にはなかったものの見方や視点があること」に共感するという方法**です。

否定も肯定もしたくないときの「かわし方」例

- **「そういう見方もあるんだね」**
- **「それは、今までになかった捉え方です」**
- **「確かに、いろいろな考え方はあるよね」** など

全ての話題を、正面から受け止める必要はありません。あまり生産的ではない話題だと感じることができれば、上記のような「かわし方」で、さらりと切り抜けていきましょう。

方法③ ポジ表現に変えよう

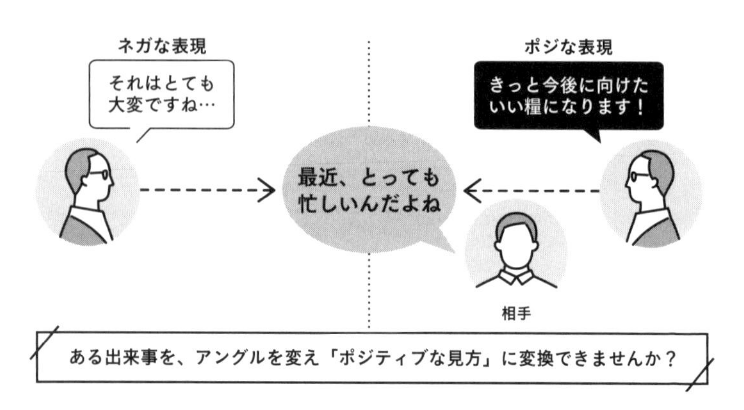

ある出来事を、アングルを変え「ポジティブな見方」に変換できませんか？

人間関係を続けていると、時として、相手側の暗い話題、悲しい話題に立ち会ってしまうものです。そんな、どうしても真面目なコメントを出さざるを得ないときに、思ったことをストレートに伝えてしまうと、表現の仕方によっては、ネガティブな印象を与えてしまいかねません。

そんなときは「ポジティブ変換」という技法を使いましょう。**普通に反応すると、まんまネガティブに聞こえてしまうような内容を、アングルを変えてポジティブな表現に変換する方法**です。例えば、知人から「最近仕事がキツすぎる…」と愚痴をこぼされたら、ホントにキツそうだね…、とだけ言うよりも、「今後に繋がるいい経験をしているね」と伝えたり、「夫婦関係が上手くいってない…」という話題になったら、「今だからこそ、ホンネを話してみるチャンスだよね」などと、ポジティブな見方に変換したりするのです。これは、行動経済学の「フレーミング理論※」を応用したものです。**ネガティブな話題も、ポジティブ変換して伝え、その場を明るくし、前向きな気持ちにさせることも**、重要な「回す力」です。

※フレーミング理論

伝えたい事実や趣旨が同じだったとしても、見せ方や伝え方次第で、受け取り方が変わる心理。例えば、「この手術を行うと10%が死ぬ」というのと「90%の人が成功する」というのでは、同じ事実であるにも関わらず受容度が異なる、といった心理。

「ポジティブ変換」の切り口例

- 誰もが経験すること
  - **「そういうことは、どんな人にでもよくあることだよ」**
- ごくごく小さいこと
  - **「大きな動きの中で、ほんの僅かなことです」**
- 私も皆も経験すること
  - **「私も、過去にそんなことがありました」**
- いい経験／学び
  - **「今後につながる、貴重な経験だと思うよ」**
- 新しいことへの布石
  - **「新しいことができるきっかけになるよ」**

この技法は、「感じのいい人だ」と思われるためだけでなく、自分に対する「思いもよらない感情」を生み出さないようにするためのリスクヘッジの意味合いもあります。

例えば「自分なんて、もう40代になっていい歳だし恋愛なんて…」とボヤいたときに、「確かに！」などと返されたら、当たり前ですがカチンときます（実体験）。そうではなく、仮に本心でなくても「経験から生まれるオーラに魅力を感じる方は、たくさんいそうですよ」などとかわしてくれると、真に受けることはないですが、気分はいいですよね、きっと。

雰囲気や態度、言い回しやちょっとした表現だけで、しばしば、こちらが意図せぬ相手の反応を引き起こしてしまうことはよくあります。それが人間関係です。だからこそ、**できるだけポジティブに表現するクセ**を付けておけば、そのような予期せぬリスクから極力回避することができます。

コーヒーブレイク

「気持ちのいい人」と言われた

あるコンサル会社に所属していた当時、同じグループの営業部門と、密接に連携しながら仕事をしていました。あるとき、営業局のお偉い様Kさんから、協業のご提案があり、直接その仕事の説明を受けていたときのことです。

おもむろにKさんから「クッシー（その人が付けた私のニックネーム）は、本当に気持ちのいい人だねぇ」と言われたことがあります。私は驚いて「ええ…どういうことですか？」と聞いてみたところ、「仕事の説明を聞いている、クッシーの反応がいいんだよ」とのことでした。

Kさんいわく、難しそうな案件を他のコンサルに持っていったら、だいたい偉そうに「案件が成立する確度はどの程度ですか？」とか「イマイチ目的が読めませんが…」などとカマしてくるらしいのですが、私はいつも「おお面白そうですねぇ」「取組みがいが、めっちゃありそうです」「これはナイスチャレンジですね」という反応があるそうで、そういう反応だから、説明する方も安心するし、そもそも気持ちがいいんだよね、と仰ってくれました。

自分は、そういうことが体に染みこんでいたので、意外な評価に驚きましたが、やっていることに間違いはなかったなとも感じました。Kさん本当に嬉しかったです。また名古屋の錦か中野あたりでどっぷり遊んでくださいね。

方法④ 質問で気付いてもらおう

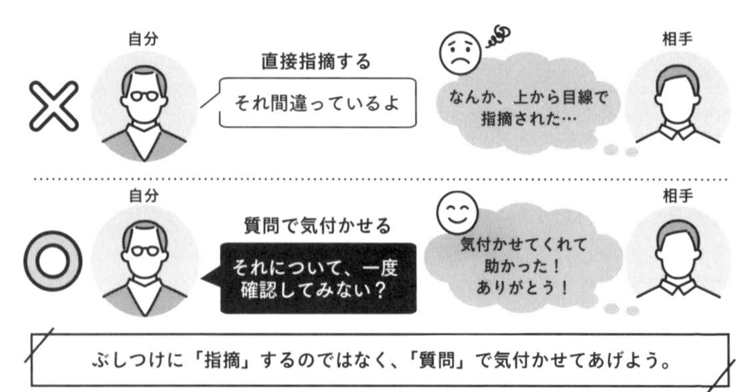

相手が何かを勘違いしていたり、気付いていないことがあったりしたときに、どうしても何らかの「指摘」をしてあげなければいけない…という場面に出くわすことがあります。そういうとき、本来的には、相手のためを思ってはっきり指摘してあげるのがいいのですが、人間関係の序盤戦や、立場に大きな違いがある場合において、指摘するときの表現に気を付けないと、無用な反感を買ってしまうことがあります。よかれと思ってやったことが裏目に出てしまったら最悪ですよね。

そういう場合は、「質問で気付かせる」という方法を使いましょう。ストレートに「こうしたほうがいい」「それは違う」と指摘するのではなく、（わざとらしくなく）**相手に質問することで、それとなく本人に気付いてもらう**のです。

相手の立場や状況を気づかい、直接的な指摘ではなく、質問でコントロールするという技法は、コミュニケーション力の高い人は自然に繰り出している技なのです。

質問で気付かせるイメージ

- 私の勘違い／間違いかもしれませんが…
  （相手が、予定されていた日を勘違いしている）
  - **「勘違いかもだけど、私は××日と予定していたよ。一応確認する？」**
- こんな話を聞いたことがあります…
  （相手が、ある状況で、採り得る方法は1つしかないとみなしている）
  - **「過去に、△△という別の方法を聞いたことがあるけど、参考になる？」**
- どういたしますか…？
  （商談で、上司がある内容を顧客に確認することを忘れている）
  - **「以前部長が仰っていた、△△についての確認は、いかがいたしましょうか？」**

この方法の応用編です。会議や打合せで、誰かの仕切りが悪いとき、やきもきすることってありますよね？ そんなときに、「部長、○○の議論が抜けてるんですよ」と指摘すると、さすがにカドが立ちます。そうではなく「えっと、○○について、どんな風に考えればいいでしょうかね？」と質問して、その論点の重要性に気付いてもらうのです。

「無意味ジャスティス」

先ほど、相手が仮に何か間違っていたときに、「質問でやさしく気付かせる」という、非常に繊細な方法をご紹介しましたが、そもそも、その間違いや勘違いがちょっとしたことで、指摘しなくても、大きな影響や問題がない場合は、指摘自体をしなくてもいいでしょう。

例えば、上司である部長と一緒に、飛行機で出張へ行く場面があったとしましょう。出発の時間まで、まだまだ余裕があります。羽田空港で搭乗口に向かう際、最短ルートではなく、少し遠回りのルートを上司が先導して歩いていこうとしたときに、部下であるあなたは、

- **「部長、そっちのルートではないですよ」**
- **「部長、搭乗口に近いのはこっちですよ」**

として、部長に指摘をしてあげるべきしょうか。私としては、1分1秒を争う状況でない限り、そんな指摘は「不要」であると考えます。

それで搭乗口に到着する時間が数十秒遅くなったとして、何の問題があるのでしょうか。また、部長がそのルートを選んでいる、何かの理由がある可能性もあります。

ひょっとすると、空港を闊歩する、素敵なCAさんを見るためかもしれません。「そうしている別の理由がある」というのは、結構よくあるケースだと思います。

もちろん、そこに全く悪気がある訳ではありませんが、残念ながら、どうでもいいような「些末なこと」を指摘されたら、ムッとくるタイプの人は世の中にたくさんいるのです。そして、理由があってそうしている場合に、いちいち指摘されると、「えっとね…そうしている理由はね…」と説明が必要となり、相手にストレスを与えてしまいます。

そんなことを一切気に留めず、どうでもいいことや、どっちでもいいようなことを、いちいち正論で指摘したり、提案したりすることを、**「無意味ジャスティス」**と呼んでいます。

本人にとっては、よかれと思ってジャスティスかましているだけで、悪気はないのですけどね。私は人から無用な反感を買いたくないので、自分もそうならないよう気を付けています。何ごとも、多少の自由度や遊びがあっていいと思います。でないと窮屈で仕方ありませんよね。

✖やらない方がいいこと

① 話を途中で遮る／奪うこと

これは最悪です。相手が話している途中で、何かどうしても言いたいことが思い浮かぶことはありますが、絶対に途中で口を挟んではいけません。例えば、相手が気持ちよく、自分のエピソードを話しているときに、その話を聞き終わる前に、話の途中で自分の話に持っていったり、違う話題に転換したりするようなことです。

（話をさえぎって）

✖「それってさ、ワタシも似たことがあって…」

（話をさえぎって）

✖「あ、あのね、それで思い出したんだけど…」

とこんな風に、話好きな人の中には、こういうことを無意識的にやっている人がいます。自分にもそういうクセがあるかどうか、一度振り返ってみるべきでしょう。

自分が話し始めようとする前に、「今相手が話したいことは何か？」について考えるクセを持ちましょう。相手の気持ちに反して、その話を急に遮ったら不快な思いをさせるだけです。

また、相手と「話し始め」がぶつかってしまったら、基本的には相手にゆずりましょう。まだ相手側に話したいことがあるということです。自分の話を始めるのは、それを聞いてからでも全然遅くありません。

②「その話知ってました」と言ってしまうこと

相手が話してくれた内容について、「そのことを知っていた」ということはよくあります。そんなとき、無意識的に相手にそれを言っちゃう人がいます。例えば、

✖「あ、それ、前から知ってましたよ」

✖「それは、当たり前のことですよ」

✖「あ、それはもう、やってます」

というように話してしまうのです。そんな言い方をすると、悪気はなくても知らずに相手の顔を潰してしまうことにもなりかねないので、絶対に避けましょう。他愛もない会話でマウントをとっても、自分が損するだけです。

もちろん、「自分もそのことを知っている」と伝えること自体は問題ありませんが、きちんと相手の話を受け止めてから。でないと、せっかくいい情報をくれた相手に失礼になります。

ですので、「それは面白いお話ですね！　確かに○○については…」などとコメントしてから、「ちなみに、私も似たような話を聞いたことがあります」という順番で伝えればいいのです。

③ 否定的なあいづちを使うこと

相手の話に返答するときに、相手が話した内容を否定するつもりはないのですが、話し始めのアクセントとして、「いや」とか「でも」みたいな言葉から入るクセを持っている人がいますが、それは相手に与える印象としてよろしくありません。心当たりのある方は、今からでも遅くないのでやめましょう。あいづちは、膨大な数繰り返されていきます。知らずに、相手に対してネガな印象を蓄積していかないよう、気を付けましょう。

否定的に聞こえるあいづち例

✖「けど…」

✖「でも…」

✖「いや…」

✖「そうなんだけど…」

✖「分かるんだけど…」

---

④ 知らずに、反感を買う「コトバ」を使うこと

会話の中に入りがちな、相手から反感を買う恐れのある、リスキーな言葉もいくつかあります。相手からムッとされたりして、「悪気などはなかった」と釈明しても後の祭りです。相手に生まれた感情を消すことはできません。ムッともしてくれず、知らないうちに嫌われることの方が多いかもしれません。

反感を買う恐れのある言葉の例

✖ **別にいいよ**：偉そう／上から目線に聞こえる

(相手)「この後、ランチでも食べに行かない？」

(自分)「あ、別にいいよ」

✖ **というか：**バカにしているように聞こえる

(相手)「あのWOWOWのドラマ面白いよねー」

(自分)「**というか、**WOWOWのドラマは全部面白いよ」

✖ **○○なんて：**相手を見下しているように聞こえる

(相手)「あの店、今朝電話して予約しておいたよ！」

(自分)「ありがとと。私、**朝電話する余裕なんて**ないし」

✖ **行けたら行く：**適当に返事しているように聞こえる

(相手)「この後、皆で食事に行くんだけどどう？」

(自分)「うん、**行けたら行くよ**」

応用編 相手からイジられたときの反応の仕方

「回す力」のLev.1として、相手の話にポジティブに反応するという技法をご紹介しましたが、その話が「自分に関すること」になる場合もあります。それが、過去の愉快なエピソードや、最近のトピックに関することなど、自分も楽しく話せるような話題なら何の問題もないのですが、少し工夫が必要なのは、自分が軽くイジられたときです。

相手と仲よくなってくると、誰しも軽くイジられることはあります。それもひとつの楽しいコミュニケーションです。そんなときに、真面目に否定したり、ムキになったりしてしまうと、あなたの「ポジティブな人」というイメージを毀損してしまいかねません。

イジられたときは、以下の方法を参考に、正面から受け止めすぎず、軽くいなす感じで反応しましょう。

コミュニケーション関連のスキル本でよくあるのは、例で示したケースでしか使えないというものですが、実際現場で使えるスキルにならないと意味がないので、できるだけ汎用的な方法を選びました（ちなみに、「④反撃型」については、冗談を言い合えるような、仲のよい友達限定にしておきましょう）。

イジりをいなす方法例

① まだマシ型：何かと比較して、安心してみる

（相手）「なんだか顔、ガチャピンに似てるよね」

（自分）「ムックに似ているよりよかったです。あれ目ん玉飛び出てますしね」

② ずらし型：イジりのポイントを変えてみる

（相手）「あまり、女性と付き合っても続かないよね」

（自分）「女性というよりも、男性との友達付き合いも続かないんですよね」

③ なりきり型：清々しく受け止め、なりきってみる

（相手）「あなたの体系、ミシュランくんみたいだね」

（自分）「たしかにミシュランくんぽいですよね。いいレストラン探してるんですが知りませんか？」

④ 反撃型：乗った上で、軽く反撃してみる

（相手）「あなたの車、今にも壊れそうだね」

（自分）「そんなこと言うなら、先輩の家の前で車を爆発させますよ」

また、お題として使った上記のイジリについては、他3つのいなし方でも対応できます。できるだけ、汎用的に使用することをイメージしていただくために、シミュレーションを行ってみます。

（相手）「なんだか顔、ガチャピンに似てるよね」
それに対する反応として…

②ずらし型：

「最近、声もガチャピンに似てきている気がするんです」

③なりきり型：

「そうなんですよ。あとは実写版映画のオファーを待つのみです」

④反撃型：

「そんなこといったら、あなたもムックに似てなくもないですよ」

（相手）「あまり、女性と付き合っても続かないよね」
それに対する反応として…

①まだマシ型：

「まあ、続かない方が、相手から刺されるよりましだと思ってます」

③なりきり型：

「そうなんです。いよいよ男性にも手を出そうかと思っています」

④反撃型：

「困っているので、これから先輩の人間関係周りを攻めていっていいですか？」

以上のような感じで対応できます。

もしあなたが、いつもあることでよくイジられる…ということがあるならば、前述の「4つの切り口」を使って、一度ポジティブな返し方のパターンを、じっくり考えてみてください。もし、イジリの対応に困っているならば、ある程度準備しておいた方がいいと思います。

上手く対応できると、その楽しい掛け合いが、場を盛り上げる定番となっていく可能性もあります。ぜひ、イジリの中で出てきたキーワードに着目し、遊び心をもって返してみてください。

「回す力」の対極にあるもの。それは「マウンティング」

人間関係の中で、相手から「認められたい」という欲求、つまり「承認欲求」は、誰にでもあります。その基本的な欲求を持つこと自体は健全であり、全く否定しません。本書も、大きな視点では、その欲求を満たすためのスキルを伝えています。

ただ、気を付けないといけないのは、承認欲求をこじらせて、無理に「認められよう」としてしまうことです。そのひとつが、いわゆる「マウンティング」です。自分はそんなことしないよ、と思うかもしれませんが、気付かずにやってしまうこともありますので要注意です。

マウンティングの代表的なパターンは、以下の3つです。

①地位を誇示したいばかりに、自慢話にはしる
②優秀さをアピールしたいばかりに、知識を披露したがる
③中心にいたいばかりに、自分の話しかしない

一生懸命マウンティングしても、人から認められません。そんなことをして、仮に相手から「すごいですねー」とか「さすがですねー」と、ポジティブにリアクションしてくれても、ホンネは裏腹。そんな言葉はタテマエに過ぎず、内心では不快な気持ちを持たれているに可能性も大いにあります。

あなたは、上記のような方法でマウンティングされて、愉快な気持ちになったり、相手に対して好意を持ったりしたことはありますか？きっとないでしょう。だからあなたも積極的にそれをやらない方がいいです。

冷静に考えて、ダメそうな方法だと分かるのに、それでもやってしまうのは、マウンティングすると、「自分で自分を認めること」ができてしまうからなのです。それで相手からも同じように思われると錯覚し、知らずにエスカレート。そして最悪なのは、その人にアピールできるような新しい実績や強みの獲得がなく、ネタ切れとなり、何度も何度も同じ話をされ続けるという地獄。

アピールできる実績の有無に関わらず、もっと健全な方法で「承認欲求」を満たすことはできないでしょうか。別の方法があるならば、自分を押し出す（PUSHする）のではなく、相手のよさや面白さを引き出す（PULLする）、つまり「回せる」存在になることで、「この人がいると違う」「この人がいると楽しい」と思われることです。
「マウンティング」と対極にある、「回す」アプローチは、いうなれば縁の下からアプローチしていく、「グランディング」とも呼べるでしょう。

Lev.
2

積極リスペクト

話のパス回し

散らかりの収拾

前向きな提案者

＋αの反応

常にポジ姿勢

Lev. 2 積極リスペクト ―概論―

相手を積極的にリスペクトし、気持ちいい関係をつくる

皆様、「返報性の原理」というものをご存知ですか？ 世界で最も著名な社会心理学者である、ロバート・チャルディーニ教授が提唱されている、**相手から受けた好意などに対して、何らかの「お返し」をしたいと感じる心理**です。

つまり、こちらが好意を持つと、相手も好意を持ちやすくなり、こちらがオープンマインドになると、相手もオープンになりやすい、ということです。これは、皆様も何となく実感できるのではないでしょうか。

かといって、「そんな気持ちを持つだけで、自然に相手に伝わっていきますよ…」というような、あまりに性善説的なことを本書で伝える意図はありません。

大前提として「自分の気持ちは、意外に相手に伝わっていないもの」だと捉えます。例えば、皆様の周りにいる方が、自分に対して、敬意や好意を持っていることって、なかなか分かりませんよね。たまにしか会わない人なら、なおさらです。

相手に対してそんな気持ちを持っていたとしても、心の中で思うだけでは不充分です。その気持ちを「言葉」にして積極的に伝えることが必要です。それは「おべっか」や、付け焼き刃的に褒めたり、適当な理由でヨイショしたりしましょう、ということではありません。

ご紹介したい技法とは、**その人の考え方や姿勢について、「素晴らしいな」「参考になるな」と思ったことを見つけ、それを言語化し、自然なタイミングで相手に伝える**、という方法です。そのためには、その人のことを「観察する」目線を持つことも重要です。また、そういう目で相手を見ること自体、いいことだと思います。

その結果、相手に「この人は、自分に好意を持ってくれている」と思わせ、ひいてはあなたに対する好意にも繋がります。その人全てを好きになる必要はありません。一部分ならば、いいところはきっと見つかるはずです。これなら、仮に苦手な相手だったとしてもできるはずです。

方法① 人とは異なる姿勢に触れよう

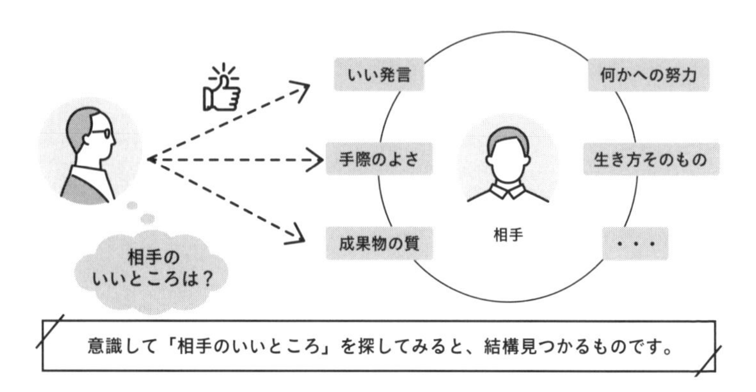

意識して「相手のいいところ」を探してみると、結構見つかるものです。

この技法は、その人ならではの考え方や姿勢、生き方について共感できることを、話題の中でさりげなく伝える方法です。これを言われて喜ばない人はいないでしょう。私自身も、部下から「楠本さんは、他の人と違って○○なところがあるから、尊敬します」などと言われたときには、静かに無上の喜びをかみしめてしまいます。皆様も、同じように感じませんか？

方法としては簡単です。まず、**相手の「考え方」や「姿勢」について、ポジティブな目線で「観察」しておくこと**です。そういう目で人を見ていると、すぐに「あ、今の発言いいなぁ」と感じるものが見つかります。

そのような発言や行動が再びあったときに、**「そういう○○さんらしい考え方について、以前から共感しています」**などと

いうことを、自然に伝えてあげることです。「以前からそう感じている」ということを添えるのがコツです。

ただ、話の流れに乗らず、急にそこだけ取り出したり、あまりに仰々しく言ったりすると、わざとらしくなります。「当たり前のこと」かのように、さらっと伝えることが重要です。

「その人ならではのこと」を見つけるための視点例

- あることに関する「発言」
  - **「あのときに仰っていた○○ということを、いまだに覚えています」**
- ものごとを進める「手際」
  - **「○○のときの進め方について、いつもすごいなと思っています」**
- 成果物の「クオリティ」
  - **「いつも、○○の仕上がりが完璧ですよね。さすがです！」**
- あることへの「努力」
  - **「○○について努力されていることに感銘を受けています」**
- その人自身の「生き方」　など
  - **「△△さんの○○のような生き方って、とても格好いいです！」**

方法② 過去にしてもらったことに感謝しよう

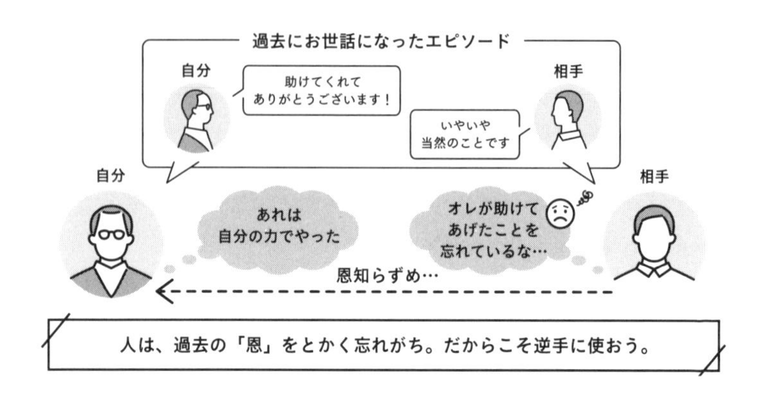

残念な事実として、過去、どれだけその人のために骨を折ってサポートしてあげたとしても、「やってもらった人」の多くは、それをすぐに忘れてしまいます。一方、逆に「やってあげた人」は、意外にそのことを忘れないものです。逆だったら皆幸せなのですけどね。

例えば仕事だと、上司として部下にいろいろ教え、育ててあげたとしても、時が経つと（それも結構早い段階で）、サポートしてもらったことをすっかり忘れ、自分だけで成し遂げた…と、歴史を勝手に修正していくものです。サポートする側は、そんなもんだと諦めるしかありません。

もちろん、それで片付けるつもりはありません。多くの人間が、「無意識的な恩知らず」だからこそチャンスと捉えます。つまり、**過去誰かにサポートしていただいたことをしっかり覚えておき、それに感謝の気持ちを伝えることで、相手に対してポジティブな印象を強く残す**のです。これを意識的にやっている人はあまりいません。だからやる価値があるのです。

そして期待できる効果としては、相手から好意を持たれるというだけではありません。**「また、この人をサポートしてあげたい」という気持ちにもつながる**のです。

「過去にしてもらったこと」を思い出すための切り口例

- 自分を指導してくれたこと
  - 「以前に〇〇さんに鍛えてもらったことが、今の仕事に繋がっています」
- 自分のために、ひと肌脱いでくれたこと
  - 「以前、〇〇のようによくしてくれたことを今も忘れていません」
- 苦しいときに、支援してくれたこと
  - 「あの大変な状況のとき、助けてくれたことをずっと感謝しています」
- 無理なお願いを聞いてくれたこと
  - 「あのとき、無理なお願いを聞いてもらったから、今があると思っています」

ここで、方法①と②の応用技をご紹介します。それは、私が「間接攻撃」と呼んでいる技法で、第三者づてに、ある方へのリスペクトが、自然に伝達されることを狙う方法です。イメージとしては、第三者から以下のような感じで伝わることです。

- **「この前△△さんが、○○さんのこと、めっちゃ尊敬しているって言ってたよ」**
- **「○○さんのことを目標にしているって、△△さんが言ってましたよ」**

これは、行動経済学の「ウィンザー効果」（ある事柄について、当事者が自ら発信するよりも、他者を介して発信された情報の方が、信頼しやすいという心理）を活用した方法です。つまり、人は第三者からの言葉に弱い、ということ。皆様も、第三者づてに自分が褒められていることを聞いて、とても嬉しく感じた経験はありませんか？

信頼でき、かつ発信力のある方を見つけ、その方を媒介にして誰かに関するポジティブな情報を自然に伝播させる、ということを上手くやれれば、なかなかの策士です（ただ、もちろん、グルになってやることを、強くおすすめしている訳ではありませんので悪しからず）。

社長、今でも忘れていません

若かりし頃、はじめてマネジャーとして担当した、ある大手企業のプロジェクトでの話です。気合い充分で望みましたが、思いとは裏腹に、途中でなかなかの苦境に陥ってしまいました。先方のメンバーにいらした、ある１人の役員が、こちらの企画内容について突っぱね続け、それが障壁となって前に進まなくなってしまったのです。うう…思い出すだけで苦しい。

マネジャーとして何とかひとりで突破しようと試みたのですが、上手くいかず。とうとうその状況を見かねた当時の社長であるSさんが、「よし、じゃあ（役員のいる）大阪に2人でいって、詳しく説明してみるか」と言ってくれたのです。それで朝イチの新幹線で大阪へ。大阪は珍しく大雪で、駅前は一面雪が降り積もっていました。何とか本社に到着し、そのイカつい役員登場。彼に対して、社長が頭を下げながら、状況を説明してくれたら、ようやく意図を理解していただき「協力するで」と言ってくれたのです。

もう涙が出そうでした。理解をいただいた安堵感と、わざわざ雪の大阪に一緒に行ってくれた社長への感謝の気持ちで。

今でも、そのときSさんに助けてくれたことはずっと忘れていません。その後、お互いいろいろな小さい出来事はありましたけど、それとこれとは話は別。今でも感謝の気持ちは忘れていません。Sさん、いつまでもお元気で。

方法③ 自らの学びに繋がったことを伝えよう

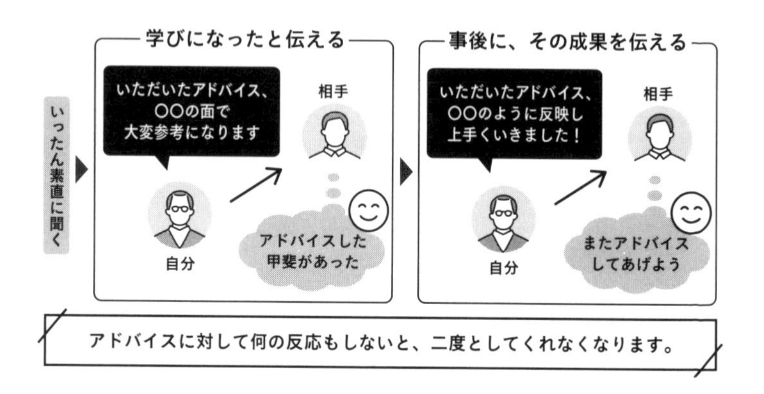

これは、その人が発した言葉や振る舞いが、「学びに繋がった」ということを伝える方法です。前述のように、その人の姿勢や生き方に共感したり、過去にしてもらったことに感謝するという方法は大変効果的ですが、その人のことを、ある程度観察したり、時間を共にすることも必要です。これは、相手の言動に対して即使えるので、前述の技法よりも簡単です。

方法は至ってシンプルです。**何かのアドバイスをもらったり、気付きを与えてくれたときに、すかさず「その○○というお話は、大変学びになります」「参考になります」などとコメントする**だけです。

伝える内容については、具体的であるほどいいでしょう。私は、相手が年下の方でも、本当にそう思えば伝えるようにしています。簡単に聞こえるかもしれませんが、これを意識的にやっている人も、やはり少ない気がします。

「学びや気付きになった」ときの言い回し例

- **「教えてくれた○○の話、本当に参考になったよ」**
- **「○○というご指摘、大変勉強になりました」**
- **「いただいた○○というアドバイス、必ず反映します！」**

できれば、その後、実際に参考になった発言やアドバイスを踏まえ行動し、得られた成果について、**「そのときの学びを活かして行動し、こんないいことがありました！」と、報告までできれば最高**です。相手が目上の方なら、この方法はとくに効果的です。きっとまた、有益なアドバイスをしてあげようと思ってくれるはずです。

ちなみに私は、後輩であれ、家族であれ、アドバイスをもらったらとりあえず一度、何らか試してみることにしています。そうでないとアドバイスをくれた方に失礼だと思いますし、新しい世界への扉を自ら閉ざすことになるとも思うからです。

方法④ 手柄を相手にプレゼントしよう

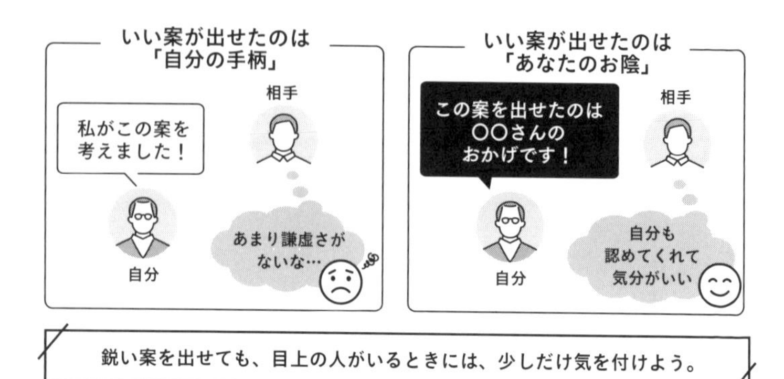

鋭い案を出せても、目上の人がいるときには、少しだけ気を付けよう。

打合せや会議などで、何かの新しいアイデアを出さなければいけない場面は、誰しも経験することでしょう。

そんな場面で、あなたがアイデアを思いつき、それを伝えたところ、「いいアイデアだね」とメンバーから評価されたとします。そこにいるのが気の置けないメンバーだったら、何の気もつかわず、その賞賛を受けて問題ありません。

しかし、気を付けなければいけないのは「目上の人間」がその場にいる場合です。アイデアは伝えなければ何も始まりませんし、評価されるかどうかも分かりませんので、そこで躊躇する必要はありません。注意するのは「評価されたとき」です。

人によっては、「自分より目下の人間に、鋭いアイデアを出された」と劣等感を感じたり、「自分が言いたかったことを先に言われた」と悔しく思ったりして、素直にそれを認めにくいときもあるのです。ホントにいますよ、こんな人。

そういう場合におすすめしたいのが、**いい意見やアイデアを考えた「手柄」を、目上の方やお客様に渡してしまう方法**です。「自分が考えたことは、○○さんのお考えの代弁です」「先ほど○○さんからいただいたヒントを活かしたものです」というように、相手の顔を立ててあげる言葉を添えるのです。主張しないと損をする場面でなければ、そうしたほうがいいでしょう。

「手柄を相手にプレゼントする」ときの言い回し例

- ○○さんのお考えと同様です
  - **「ありがとう！ でもこれは、○○さんが話してくれた内容の受け売りですよ」**
  - **「恐縮です。ただ○○様のご見解に沿って取りまとめたものに過ぎません」**
- ○○さんからヒントを得ました
  - **「○○さんの話を聞いて、なるほど！と思って考えてみただけです」**
  - **「これは○○様から、いろいろなご示唆をいただいたからこそ生まれたアイデアです」**

やらない方がいいこと

① アドバイスを貰ったのに、否定的に返すこと

これは論外でしょう。誰かからアドバイスをもらったからといって、「上司からの指示」でない限り、聞いたことを実際にやらなければいけない義務はありません。アドバイスの取捨選別は、後でいくらでもやればいいのです。

本来そうなのですが、せっかくアドバイスを貰っても、プライドが悪く働き「それはやっている」「そんなことは分かっている」と、否定的に返してしまう人がいるんですよね。そんな態度を示されると、よかれと思ってアドバイスしたにも関わらず、もう二度とアドバイスなんてしない、と普通に思います。基本的には、感謝の意を示し、一旦受け止めてください。

ただ、あまりに当たり前のアドバイスを、上から目線で偉そうに言われるとムカッとはします。そんなときは、「○○について以前から全く同じ考えを持っており、改めてその必要性を感じました。ありがとうございます」と返しておきましょう。

② ことさら頻繁にやること

お伝えした、積極的に敬意を示すという技法は、頻繁にやらなくても、伝える内容がしっかりしていれば、相手に対する敬意は充分に伝わります。逆にそれをやり過ぎると、さすがに嘘臭くなっていきます。繰り返しますが、小手先のおべんちゃら

技術の伝達が目的ではありません。相手を正しく観察し、いいところを見つけ、それを伝えることで、互いに心地いい関係性をつくる、ということが趣旨です。

何の気持ちも込めず、思いつきだけで伝えてしまうと、しばらくすると、何を言ったか忘れてしまいますし、内容に矛盾をきたして「ただ調子のいい奴だ」というレッテルを貼られかねません。回数を重ねるよりも、内容勝負でいきましょう。

③ 相手の周りを見ずに、やみくもにやること

いろいろな人が、様々な感じ方をするのが世の中です。中には、自分以外の人間がリスペクトされると、相対的に自分が下げられているように思えてしまい、勝手に気分を害したり、嫉妬したりする人もいるのです。例えば、「Aさんは優秀ですね」と褒めたら、側にいるBさんが「自分は優秀じゃないと言われた」と勘違いする…そんなイメージです。

もちろん、敬意を示した側は、「他の方を下げるつもりなんてない」のですが、周りにそのように受け止められてしまったら後の祭りです。よかれと思ってやったことが、他でマイナスになってしまいます。とくに、気をつかわなければいけない相手が側にいるとき、何かを発言する前に、一瞬立ち止まって考えることが必要です。

マウントを取ってくる人への対処法

　ここまで「場を回す」前にやらなければいけない、「人を回す」技法をお伝えしました。ここからいよいよ「場回し編」といきたいところですが、原稿の段階で、ある知人から、こんなアドバイスを受けました。

「ポジティブな姿勢や、積極リスペクトの必要性は納得できる。でもこれをやると、たまに、『こいつにはマウント取れる』と勘違いするヤツがいるんだよねー」

　確かに、いろいろな人間関係が交錯する職場にいるからこその視点だと思いました。思い返してみると、確かに私も、昔思い当たることがありました。

　非常に残念ではありますが、いい人間関係を構築しようとして、丁寧に接してきた結果、変に勘違いし、よからぬ態度を示す人が生まれることも稀にあるかもしれません。まあ、マトモな人は、決してそんなことしませんのでご安心を。

　そんな困った人に対する対処方法を、マウントのタイプ別に取りまとめてみました。やや強めの方法もご紹介していますが、やるやらないは皆様のご判断で！

いろいろな「マウント」のタイプと、その対処法

① ワタシえらいだろ型（地位を誇示したいばかりに、自慢話ばかりに走る人）への対処

典型的なマウンティングのタイプでしょう。「話題に合わせて、それに役立つ自身の人脈を紹介してくれたり、その人自身の立場を使ってくれたりする人」がいると、それはなかなか得がたいものであり、助かることもあります。

しかし、それがエスカレートしてくると、延々そういう話を繰り返したり、自分が自慢できる話題にむりやり転換したりする人がいます。「こんな凄い人と知り合いだ」とか「こんな凄いことをやった」と言われると、まあ普通「凄いですねぇ…」としか言いようがありません。

そういう「見せかけのポジティブ反応」が、さらにその人を、悪い方向に調子付かせてしまうのです。

ソフトな対処法　**自慢話に、いちいち律儀に反応しない**

ポジティブに反応するから、その行動が強化されると述べましたので、その逆をやればいいのです。ただ、無視するのもなんなので、「へぇー」くらいでいいでしょう。＋αのコメントなど一切いりません。そうすると相手は「コイツを何とかひざまずかせてやろう」と思い、ますますいろいろとかぶせてくるでしょうが、そこはぐっとこらえて、微笑をたたえながら流すのがいいと思います。

ハードな対処法 **他の人に目を合わせる**

わざわざその人に喧嘩を売る必要はありません。平和が一番です。だから直接的に失礼なことをしてはいけませんが、間接的に「皆、あなたの話、つまんないと思っていますよ」と感じてもらうことくらいならセーフです。一番おすすめなのは、目をそらすのでもなく、うつむくのでもなく、他の人にそれとなく目を合わせ、「何かのアイコンタクト」をしているような印象を与えるのです。でも「この人つまんないね」とやりとりしている証拠はどこにもありません。ごまかせます。

② ワタシ賢いだろ型（優秀さをアピールするために、知識を披露しまくる人）への対処

仕事における人間関係でよく出てくるタイプです。「その話題やテーマについて、有している詳細な知識や、専門的な見解を伝えてくれる人」がいると、その場の会話や議論がより質の高いものになりますし、メンバーにとっては貴重な学びにもつながります。

しかし、それがエスカレートしてくると、自身しか知らないこと、できないことを示せる優越感と、その気持ちよさを感じ始め、いつしか、そのテーマについて未熟な他のメンバーに対して傲慢な態度を取り始める人がいます。

ただ言っていることは正しいので、とくに言い返せる訳でもなく、その人が独走する中で、何となく空気だけが悪くなっていく、という状況にはまります。

ソフトな対処法　教えてくれたことを、爽やかに感謝する

がーっと自分の知識を披露されて、劣等感でシュンとなってしまうから、その人にますます優越感を感じさせてしまうのです。だからまず、そんな態度を示さないことです。といいますか、示す必要もありません。たまたまその領域でその人が詳しいというだけです。むしろ前のめりに、興味津々でその人の話を聞いてメモり、めっちゃ参考になります！　と感謝するくらいの気丈さが必要です。

ハードな対処法　逆に、質問してみる

劣等感を感じて押し込められるのでなく、「私がそんなこと、知るわけないだろ」くらいの気持ちで、「例えば、○○の場合はどうすればいいですか？」などと、こちらから質問を投げかけてみるのです。難しい質問でも構いません。回答の内容が分からなければ、無理にポジティブに反応する必要はありません。そんなやりとりをしていると、一方的に言いくるめられていた空気が少し変わっていくでしょう。

③ ワタシ面白いだろ型（とにかく人の話を取る、自分の話しかしない人）への対処

どんなところにもいるタイプです。「誰かが出した話題に乗り、自分のエピソードを話してくれる人」がいると、当然会話も盛り上がり、楽しい場となります。

しかしそれがエスカレートしてくると、ある自分の得意な話題となったら、来た！ とばかりに、話したい人がいそうなのに、押しのけて自分のエピソードを話したり、流れの中で、自分が話したいトピックに変えていったりする人がいます。

このタイプは、自分が話すこと＝場を楽しませることだと勘違いしているのです（私、昔はこのタイプだったかも…）。

どんな人にも「面白い話をして楽しませたい」という欲求はあります。そんな欲求をメンバーから奪い続けてしまうと、1人だけが浮いている、退屈なコミュニティになっていきます。

ソフトな対処法　そもそも乗らない／薄めに反応する

対策としては1つ目と同様です。その人の独走に、仕方ないなと乗っかってしまうから、本人も気付かないのです。せっかく楽しかったのに、いつものように急に話を奪ってきたな、話題を転換してきたな、と思ったら、もうその時点で反応しなくてもいいです。別にムスッとする必要はありません。微笑をたたえながらじっとしておけばいいでしょう。何か言葉を発している訳ではないので、ばれません。

ハードな対処法　一言いって、先ほどの話題にもどす

せっかく盛り上がっていたのに、話を奪われた、話題を転換されたら、その人の話が一息ついたタイミングで、嫌味なく「で、さっきの話に戻していいかな？」とか「それで、さっき皆が話していたトピックに戻るんだけど」などと一言いって、元の話題に戻してみてください。話を奪うクセ、自分のことしか言わないクセがある人には、少しずつでも、その悪いクセに気付かせてあげないといけません。

いかがでしたでしょうか。あくまでも、「そんな人がいたときの対処法」として整理していますが、自身としても、知らず知らずに上記のような存在になってはいませんか？ 心理要素としては、誰しも少しは持っているものです。だからこそ、そうならないよう気を付けたいものです。いい機会と捉え、自身を省みてみましょう。

Lev.
3

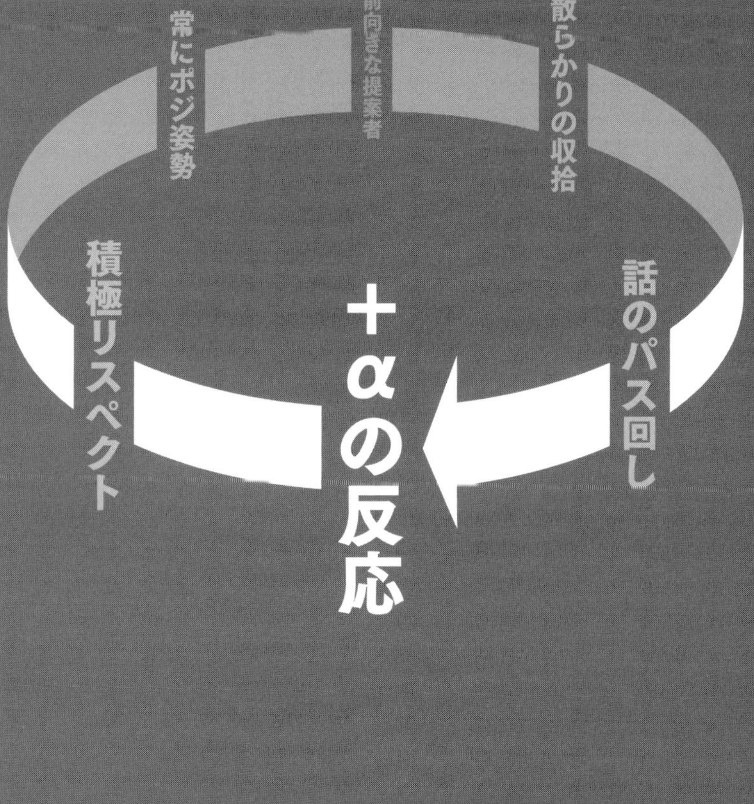

+αの反応

話のパス回し

散らかりの収拾

前向きな提案者

常にポジ姿勢

積極リスペクト

Lev. 3

＋αの反応 ―概論―

「＋αのリアクション」で、場は回っていく

ここまでお伝えした「人を回す」やりとりを通じて、相手から「一緒にいて心地のいい人だ」と思われた実感を得たなら、既に「コミュニティのレギュラーメンバー」というポジションは獲得できています。いよいよここから、話を盛り上げて愉快な時間をつくれる人となるためのスキル、「場を回すスキル」を身に付けていきましょう。

「場を回す」という言葉を聞くと、メンバーに話題を振ること、いわば「相手にパスを出すこと」がイメージされますが、その前に、まずは「相手からうまくパスを受ける」ことが必要です。

うまく受けるとは、「楽しさ」や「面白さ」を付加して受けるということです。そういうことができれば、パスを出した相手や周りのメンバーを大いに喜ばせることができ、再びあなたにパスを出したくなってくるものです。

Lev.3としてお伝えする内容は、うまく受ける方法、つまり「いいリアクションの仕方」です。芸人さんがやっているような、高度なリアクションをせよ、ということではありません。**いくつかの「型」を覚えておき、いつもやっている反応に、少しだけ情報を足す**のです。神は細部に宿るもの。コミュニケーションの神様もまた然り。そのちょっとした工夫で、相手の反応や場の空気が大きく変わってきます。

コミュニケーションとは相互関係。いい受け手がいれば、出し手としてのモチベーションも上がりますよね。これはもう感覚でしかないのですが、不思議と、ちゃんと拾ってくれる人や面白く反応してくれる人がいると、なぜか面白い話や冗談がポンポンと思い浮かぶものです。逆にそういう人がいないと、不思議と面白い話や冗談が出にくくなるときがあります。人が、人に与える見えない影響とは不思議なものです。皆様はどう思いますか？

方法① 「＋α」のリアクションを入れよう

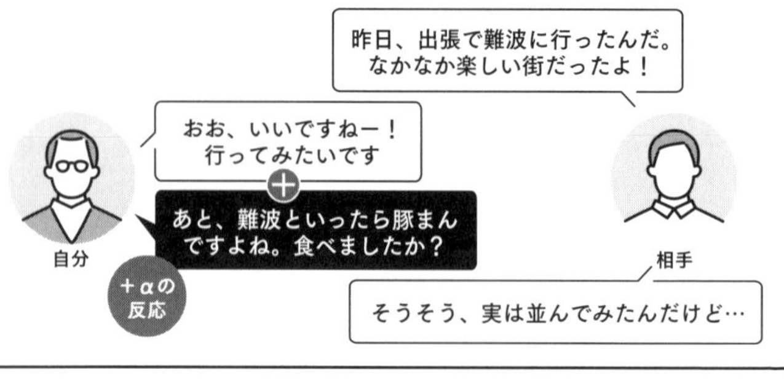

話をしっかり受け止め、思い浮かんだトピックをシンプルに返してみよう。

自分がパスの出し役となって、人に上手く質問を振っていくこと。これこそが「場を回す」ための原点となる技法です。だからといって、何も話題に噛んでいない状態から、司会者のように、いきなり「あなたはどう？」と振っても不自然すぎます。

大事なことは、次の展開のために、まず相手から「パス」を正しくもらって足下に収めること、つまり誰かのトークを受けて、何らかのいいリアクションをすることです。逆に「へー」「そうなんですね」で終わると、話題が自分の足下に留まらず、そこでパス回しが途切れてしまいます。

ポイントとしては、**少しだけでいいので、あいづちの後に、「＋α」の要素を入れるということ**です。これだけで、その後の話の展開に、よりはずみがついていきます。

ポジティブな反応に「＋α」する要素

●そこでよく生まれるホンネ

■「大事な会議で居眠りしたことって、よくありますよね…」

「そうなると、どうやって『考えごとをしていた』とアピールするか考えますよね」

●関連する自分のエピソード

■「結石になったんですが、本当に激痛ですよね…」

「僕も過去になったとき、激痛過ぎて、縄跳び1時間くらいやって石落とそうとしましたから」

●キーワードから思い出したこと

■「溜息つくと幸せが逃げる？ 僕も聞いたことあります…」

「溜息で幸せが逃げたのなら、深呼吸して幸せを取り戻さないとダメですよね」

●そのケースであるあるなこと

■「素敵そうな異性が前を歩いてたら、気になりますよね…」

「早足で追い抜いて、わざとキョロキョロしてチェックするとかやりません？」

相手としても、自分のトークを拾ってくれることはそもそも嬉しいものです。あなたが正しくリアクションすることで、場の活性化に向かうことは間違いありません。ただし、ここで無理して面白い返しをする必要はありません。前述の通り、まずは、Lev.1でお伝えした「ポジティブな反応」に、「＋α」の要素を少し添えるだけでOKです。

この技法を使う際に、気を付けなければいけないことが2つあります。1つ目は、**自分に得意な話題が来たからといって、調子に乗ってしゃべり過ぎないこと**です。リアクションが一段落したら、様子を見ながら、次にどうするか判断すればいいでしょう。これは、先ほどの「マウント対処法」でも述べた通りです。

そして、2つ目に気を付けることとして、**決して、相手に「自分の話題を奪われた」と思われないようにすること**です。あくまでリアクションの対象は「振ってくれた相手」です。ですので、その話題を自分に振ってくれた人の目を見て（これ結構重要)、簡潔にリアクションしてください。
「話題を奪う」と思われがちな人は、人の話題を、いつの間にか自分が持ち出した話題かのように振る舞う人です。

ただ、誤解なきようにお伝えしますが、「常に場回しのことだけ考えよ」などとストイックに言うつもりはありません。皆様は、それを職業としている訳でもありませんしね。基本は、普通にトークを楽しめばいいと思います。回せる人とは、まず自分自身がその場を自然体で楽しむことができる人だとも思います。その延長線上に、いろいろな技法があるのです。

方法② 的確な「突っ込み」を入れよう

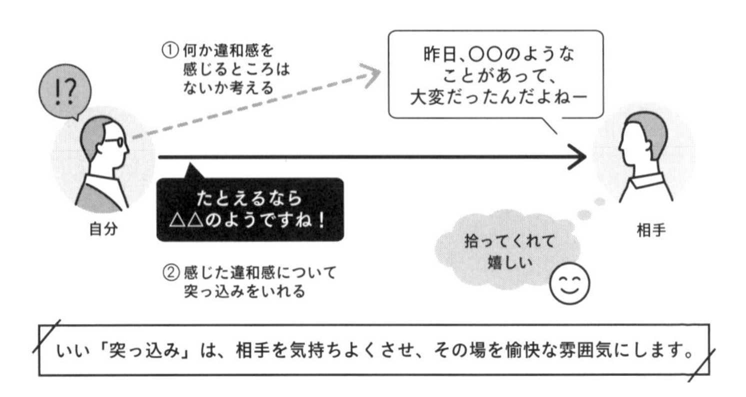

いい「突っ込み」は、相手を気持ちよくさせ、その場を愉快な雰囲気にします。

このあたりから、少しずつレベルが上がっていきます。

相手が話した内容について、その相手が喜びそうな「突っ込み」を入れる技法です。これがうまくできると、たったの一言で、その場の空気が一気に花開いていきます。回せる人となるには、ぜひ身に付けたい技法のひとつです。**いい突っ込みができると、周りから「機転が利く人だ」「楽しい人だ」というポジティブな印象**につながり、さらには「この人にはいつもいてほしい」という人望も生まれてきます。

かといって、芸人さんがやるような、当意即妙なツッコミを、多くの人に求めることは現実的ではありませんし、そこまで頑張り過ぎる必要もありません。

本書でお伝えするものは、あくまで日常生活の中で活用できる、「やさしい突っ込み」のセオリーです。それらを覚えておくだけで、いろいろな場面で使うことができます。「そんなセオリーなどない」と、芸人さんに怒られてしまいそうですが、あくまで日常の視点で応用したものですのでお許しくださいませ。

ただ、今の話にどうやって突っ込もうか？…と真剣に考えてしまうと、タイミングを逃してしまい、面白くなくなってしまいます。また、突っ込もう、突っ込もう…と意識しすぎてやりすぎると、言葉がキツくなったり、話題が前に進まず、逆に白けたりする可能性もあるので注意が必要です。**「面白い自分」であることよりも、相手や「場」が面白くなればいいのです**。初心を忘れないようにしましょう。

〈手順〉

1. 話の中で「違和感」を感じる部分をキャッチする

突っ込みの基本は「違和感」の察知です。ケースとしては、冗談（ボケ）に突っ込むときと、何気ない発言の中で見えた「違和感」に突っ込むときの両方があります。どちらのケースにおいても、相手の話を注意深く聞き、「引っかかる部分」をキャッチしてください。ぼーっとしていては、突っ込むチャンスを逃してしまいます。次ページで、その視点をいくつかご紹介します。

「違和感」をキャッチする視点

- 変だ
  - 動きや発言が変だ／見た感じ変だ
- 過剰だ
  - 大げさだ／言いすぎだ／やりすぎだ
- 間違いだ
  - 方法が間違っている／解釈が間違っている
- ヘタだ
  - 明らかに下手だ／ダメそうだ
- 失礼だ
  - 相手に失礼だ／卑屈になりすぎだ
- ウソだ
  - タテマエだ／ウソだ／ワザとだ

---

2. それに対して、突っ込みを入れる

相手の話の中に、違和感のある部分を見つけたら、やさしく突っ込みを入れてみましょう。

一番簡単なのは、その違和感についてそのまま返すという、直接型の方法です。例えば、明らかにワザとらしい発言があったときに、「ワザとらしいわ！」とそのまま返したり、明らかに不器用そうなことをしていたら「不器用すぎるでしょ！」とそのまま返したりするイメージです。

こういう直接型の方法については、非常にシンプルですので、これ以上解説する必要はないでしょう。

皆様にお伝えしたいのは、少し「ヒネり」を加えた突っ込みの方法です。そのまま返されるよりも、少し手を加えて突っ込んだ方が、相手も喜んでくれますし、また「知的でユニークな人」という印象を与えることもできます。そしてビジネスの現場で実践するならば、間違いなくこちらでしょう。

ここから、できるだけ現場で再現してもらえるよう、汎用的に使えるパターンをご紹介します。文章だけ見ると、ちょっとキツめに見える部分があるかと思いますが、あくまで楽しい雰囲気でやりとりしているもの、とイメージしてください（ちなみに、【③暴言型】の方法は、仲がいい間柄限定です！）。

「突っ込み」のパターン別活用例

①確認型：発言の裏側にある「本人」や「背景」の問題について確認してみる

（相手）「次に買い替える車？　また同じメーカーから選ぶつもりだよ」

（自分）「またですか？　そのメーカーに、何か弱みでも握られているんですか？」

（相手）「絶対にこのダイエット法がいいと思うんだよね。理由？　まあ、なんとなくの直感かな」

（自分）「なんとなく？　先輩のお仕事って、経営コンサルタントで合ってましたよね？」

②指摘型：その発言について、わざと少し上からの視点で、シニカルに指摘する

（相手）「（買い物でスーパーに入店した直後）あーこのスイーツ食べたいなー」

（自分）「スーパーでの買い物には、基本ステップってものがあるんですよ！」

（相手）「体重が減らないんだ…トレーニング法は間違ってないと思うんだけど」

（自分）「じゃあ、きっとトレーニングの方法以外が全部間違っていたんじゃないかな」

③暴言型：仲いい人限定。丁寧な文章の中に。
わざと荒っぽい単語を部分的に入れてみる

（相手）「昔から、同時に付き合っている彼女が、
3人くらいいるんだよね。最悪でしょ」

**（自分）「失礼ですが、クズというか、社会が生み出した
産業廃棄物ですね」**

（相手）「在宅ワークしてたら、ついついサボって
ゲームしちゃうんだよね」

**（自分）「『ダメ社員のリアル』っていう
ドキュメンタリー番組を観てるようです」**

④たとえ型：その発言内容をイメージして、
何かかわいげのあるもの、最近のものにたとえる

（相手）「この前、大柄なオトコ4人で車乗って
ドライブしてきたんだ」

**（自分）「オトコ4人！ まさに肉詰めピーマンみたいな
状態ですね」**

（相手）「家にいたら、おいてあるお菓子、
あるだけ食べてしまうんだよね」

（自分）「ツタヤのシェアラウンジじゃないんだから」

（原稿執筆時、大変お世話になりました）

⑤極端型：発言の内容について、その量や数、状態や影響を
エスカレートさせてみる

（相手）「国道246号線って、渋谷から結構な下り坂だよね」

（自分）「ここでコケたら、池尻大橋まで転がっていくので気を付けてください」

（相手）「私、男友達がめちゃくちゃ多いんだよね」

（自分）「たしかに！ 淡路島の人口くらい、いそうですもんね」

⑥キャラ設定型：その発言に基づき、極端なキャラクターを
設定してみる／行動を妄想してみる

（相手）「私、結構カラオケいくんだよね。かなり歌うまい方だと思うよ」

（自分）「先輩、世田谷区のJUJUと言われてますもんね」

（相手）「プライベートが落ち着いているので、いま本当に心が穏やかなんだよね」

（自分）「いいですね。じゃあ、今なら何を言っても怒らないってことですね！」

⑦すっとぼけ型：相手の話やキーワードに対して、わざと違う
解釈をする

（相手）「このレポート、めっちゃ時間かけてつくったんですよー！」

（自分）「（眺めながら）…なるほど。時間と質は比例しないことが分かった」

では、あるひとつのトピックについて、上記のパターンを当てはめて「突っ込み」を入れてみましょう。応用として、女性同士の仲がいい間柄のやり取りを想定し、ちょっとシニカルなテイストも入れてみます。

（相手）「私、ウチのCAで一番ウエスト細いって言われたの。
ほら、ベルトもこんなに余っているでしょ？」

①確認型

- **「そのベルト、梱包用のバンドじゃないの？」**

②指摘型

- **「そんなことより、お客様の安全を守ってください」**

③暴言型 ※仲いい人限定

- **「それで、性格がよければ最高なんだけどねー」**

④たとえ型

- **「バルーンアートの風船かと思いましたよ」**

⑤極端型

- **「スターアライアンスでも、TOP目指してください」**

⑥キャラ設定型

- **「来年の公式カレンダーの表紙狙ってるらしいよね」**

⑦すっとぼけ型

- **「ウエストって西のこと？」**

「たとえ型」の突っ込みに備える

紹介した突っ込みパターンの中で、最も定番的に使えるのが「たとえ型」でしょう。ならば、それをさっと繰り出せるようにするために、日頃から準備しておきましょう。上手く準備ができると、違う相手に同じフレーズを使い回すことができます（まあ、そこまでやらなくてもいいですけど…）。

準備としては簡単で、自分の中で「最もソレなもの」をちょっとだけ考えておくということです。たとえるコツとしては、ちょっと可愛げのあるものにすること、そしてシンプルに分かりやすいものにすることです。あまりに説明的で、長いたとえは、リズムが悪くなり面白さがなくなりますので、要注意です。

自分の中で、「最もソレなもの」の例

- 最も軽いもの
  - **「ヘリウムガス」くらい軽い**
  - **「たんぽぽの綿毛」くらいふわふわ**
- 最もよく見かけるもの
  - **「魔女の宅急便」の再放送くらいよく観る**
  - **「skyのタクシー CM」くらいよく観る**

●最も可能性が低いもの

- 「夜店のくじ引き」くらい可能性低い
- 「〇〇選手の打率」くらい絶望的

●最も頼りないもの

- 「ロボットのペッパー君」くらい頼りない
- 「一休さんの新右衛門さん」くらい心細い

●最もぷにぷにしているもの

- 「Yogibo」くらいプニプニしている
- 「蒟蒻畑」くらい弾力感がある

●最もウソくさい

- 「幸運のペンダント」くらいウソくさい
- 「〇〇知事の選挙公約」くらいウソくさい

●最も夜型なもの

- 「カブトムシ」くらい夜型
- 「キャバ嬢」くらい夜型

●最もお手軽なもの

- 「ウーバーイーツ」くらいお手軽
- 「0円脱毛」くらいお手軽

もらった話に「返し」を入れよう

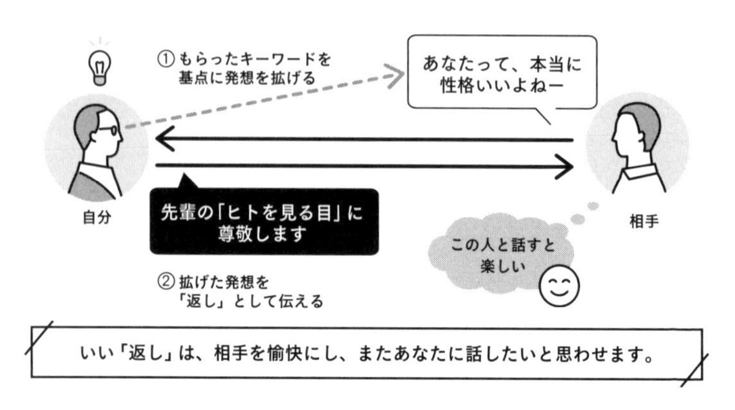

いい「返し」は、相手を愉快にし、またあなたに話したいと思わせます。

突っ込みと同じくらい重要なのが、いい「返し」をすることです。相手の言ったことに反応するという意味で、突っ込みとやることは似ていますが、「返し」とは、**相手が自分に振ってくれた話について、ユニークなエッセンスを交えて、反応を行う**というものです。

[突っ込み]

- 相手が放った言葉の「違和感」を見つけ、
  その内容について、ヒネりを入れて返すこと

[返し]

- 相手が「自分」に対して振ってきた話について、
  工夫して返事をすること

また「返し」は、突っ込みと違って、相手の話に「違和感」や面白い部分がなくても成立します。ですので、必然的に突っ込みよりも「返し」の方が機会としては多くなります。

難易度的には「突っ込み」よりも、「返し」の方が、若干高めです。なぜなら、「突っ込み」と違い、キーワード的なきっかけがない普通のトピックが思考の出発点になるので、そこから自分なりに解釈して、返し方を考えなければいけないからです。

ただ、上手い「返し」をいれることができれば、その話を振ってくれた相手も大いに喜びますし、場も盛り上がります。**「この人に振ると場が盛り上がる」ということが周りに伝わってくると、周りからあなたに、どんどんパスが回ってくる**ようになります。「回せる人」としては、ぜひ身に付けておきたいスキルです。

次ページから、いくつかの「返し」のパターンと、その活用イメージをご紹介します。

「返し」のパターン別活用イメージ

①大げさな「たとえ」をしてみる

（相手）「今日はホントに暑いねー」

（自分）「ナイジェリアと同じくらい暑いです」

「暑すぎて、さっき髪の毛燃え始めました」

②真面目な「提案」をしてみる

（相手）「最近ウチの会社、みんな仕事忙しいよねー」

（自分）「労基署の番号、そろそろ調べておきましょうか」

「先輩に生命保険かけておいてもいいですか」

③それに気付いてなかったふりをする

（相手）「今彼氏いるのー？」

（自分）「彼氏って日本語自体忘れてた」

「あ、そのことすっかり忘れてたよ、3年くらい」

④想定外の行動を説明する

（相手）「コーヒーマシンの前で、なんでぼーっとしてるの？」

（自分）「button って、なんて読むのか悩んでたんです」

「これ、どうやって盗もうか考えていたんです」

⑤相手をまさかの感じで攻撃する ※仲いい人限定

（相手）「めっちゃ久しぶりーワタシのこと覚えてる？」

（自分）「正直、久しぶりかどうかも定かではないよ」

「あー、あなたが離婚したって話だけは覚えてるよ」

⑥もっともらしい言い訳をする

（相手）「親子丼に塩かけ過ぎだよー」

（自分）「ここの塩って、あんましょっぱくないよ」

「先月、塩採れなかったので、今調整してるんだ」

⑦冷静な態度でブチきれてみる

（相手）「最近、なんか太ったんじゃない？　ははは」

（自分）「帰り道、ドローン操作して攻撃するわ」

「そこに監視カメラがなかったら〇ってたよ」

褒められたときの「返し」方

あなたは、誰かから「褒められた」とき、どのように反応しますか？ 普通は「ありがとうございます」「恐縮です」などと、お礼を述べて終わります。しかし、そういうときの、気の利いた「返し方」もあります。「褒められたときくらい、普通に受け止めればいいのでは…？」と思われるかもしれませんが、少しでも「気が利いた人だな」と印象を与えるための返し方を、参考としてお伝えします。

自分の中で、「最もソレなもの」の例

● 出てきた言葉を反対に使う

（相手）「佐藤さん稼いでるから、セカンドハウスとか買えそう」

（自分）「全然そんなことないです。ファーストハウスもままなりません」

（相手）「山下さんは、カラダめっちゃ引き締まってますよね」

（自分）「いえいえ。あとは心が引き締まってないのを何とかしたいです」

● 「実はチートです」と告白（冗談で）

（相手）「高梨さんって、
めっちゃ仕事デキる人ですよねー」

**（自分）「いえいえ。そんな風に見せるトリックが
得意なだけですよ」**

（相手）「森さんは、いつも男性から人気がありますよね」

**（自分）「あらゆる縁結びの神様に
お願いしまくっているからかも…」**

●別の部分を自慢

（相手）「田村さんは、女性からモテてる感じですよねー」

**（自分）「全然モテてはないですが、
パッションだけは誰にも負けません」**

（相手）「野崎さんは、本当にあらゆるところで
誠実ですよね」

**（自分）「誠実かはさておき、
周りからそう見えていることが嬉しいです」**

注意点としては、あまりにヒネりを入れたり、時間をかけ過ぎたりしないようにすることです。意味不明の返しや、返答までのモタモタ感で、せっかく褒めてくれた相手に、あまりよくない印象を与えてしまいかねません。この技法は、あくまでも「パっと思いついたら」くらいの活用にしてください。そういうことでTIPSくらいの位置付けにしました。

×やらない方がいいこと

① 厳しすぎるツッコミを入れる

改めて言う必要もないと思いますが、突っ込みの基本ルールは、その人のプライドや尊厳を傷つけないということです。失敗や勘違いをあげつらって小馬鹿にしたり、その人にとって恥ずかしい過去の出来事をわざわざ持ち出したり、偉そうな、イヤミな言い方で諭してみたり…。そんな時間は誰にとっても最悪です。場として何にも楽しくありません。そんなことで一瞬小さな笑いが生まれても、当人から小さな恨みを買うだけです。人に嫌われてまでやるべきことなどありません。

② 策に溺れて、独走してしまう

繰り返しになりますが、本書で紹介する全ての技法は、

自分が面白くあることではなく、相手を喜ばすこと、
場を愉快にすることが目的であること

これを忘れてはいけません。その場全体の雰囲気に気を払わず、あまりにも「突っ込み」や「返し」に気を取られてしまうのも本末転倒です。そこは気を付けていきましょう。

「あそこで、ああ言えばよかった…」と反省する日々

誰かとの楽しい場が終わった後、その帰り道で「ああ、あそこで、こんな風に返しを入れたらよかった…」と振り返り、悔しい思いをすることはありませんか？（ちなみに私は、毎日そんな後悔を繰り返しています）

もし皆様が、「場が回るような、いい感じの突っ込みや返しを自由自在に操れるようになりたい…」というお気持ちを持っているならば、実はそういう振り返りって、スキルを向上させるために、結構重要な気がしています。「仕事も遊びも、真剣にやるからこそ面白い」…これは私の信念でもあります。

その場を思い出し、シミュレーションしてみると、結構面白い突っ込みや返しのアイデアが思い浮かんだりして、逆に悔しい気持ちになったりしますが、そこで思いついたキーワードやフレーズが、別の場でビシッと使えたりすることもよくあります。

何事もそうですが、何かのスキルを習得しようとすると、何らかの鍛錬のプロセスが必要となります。Lev.3でお伝えした内容は、他のものと比べて、よりそれが必要となります。たまに、でいいので、そういう振り返りと反省を行ってみるのはいかがでしょうか。

応用編 突っ込み／返しをさらに強化する工夫

いい突っ込みや返しは、その場の空気を花開かせ、コミュニケーションを活性化します。どうせなら、さらに爆発力のある突っ込み／返しを身に付けたいものです。そのための、4つの切り口をご紹介します。やや難易度が高めですので、難しそうであればここは飛ばしてくださってもOKです。

突っ込み／返しを強化する方法例

①真面目ワードを使う

（業務中、居眠りしている人に対して）

- 「マインドフルネスは、仕事の後でやりましょう」

（モテない男性にもやさしく接してくれる人に対して）

- 「厚生労働省から、ぜひ補助金もらってください」

②造語をつくる

（恋愛を謳歌している女性に対して）

- 「『恋人検定』があるなら、間違いなく1級取れます」

（ネオンカラーに光る家電製品に対して）

- 「それ『倖田來未モデル』とか書いてませんか？」

③架空の行動をつくる

（「最近太ったねぇ。Yogiboみたいだよ」と言われたとき）

■ **「RIZINで、朝倉海に座られちゃいそうです」**

（「この人はクズ過ぎて、もはや産業廃棄物」という話題で）

■ **「収集は明日なんで、背中に回収シール貼っときます」**

④ファンタジーに変える

（空気が乾燥してて、肌がカサカサだ」という話題のとき）

■ **「乾燥し過ぎて、顔からサボテン生えてきそうです」**

（「東京はこの冬、とても寒い」という話題のとき）

■ **「寒すぎて、世田谷公園に白クマ住み始めますよ」**

「面白い人」でなく、「愉快な場をつくる人」でありたい

Lev.3では、「突っ込み」「返し」という技法についてお伝えしました。ちょっと砕けた内容に思われたかもしれませんが、カジュアルな事例を通じて、できるだけ分かりやすく、場を活性化するためのポイントをおさえていただくことを意図しました。

改めて申し上げますが、皆様にこれらの技法を会得していただく目的は、気の利いたことをいって「面白い人」と思われることではありません。メンバーにとっての「愉快な場」をつくる人になることが目的です。「愉快」という言葉の意味は、「気持ちよく楽しいこと」「気分が晴れ晴れして楽しいこと」などです。だから、いくら冗談を言っても、気の利いた一言を言っても、その場にいるメンバーが「愉快な気持ち」にならないと意味がありません。単なる自己満足に過ぎません。

「自分が面白い存在かどうか」ではなく、
「相手が愉快に感じているかどうか」

重要なことは、これを意識してコミュニケーションをとることです。自分が言ったことや、自分の振る舞いによって、相手がどのような気持ちになっているかを、できるだけ客観的に捉えてみることです。そのコミュニティにおける自分の価値は、自分で決められるものではなく、あくまでも周りの人からの評価で決まります。ですので、価値のある人になるために、そういう目線を持たないでいい理由はありません。

そんなことは、会社の研修では教えてくれませんし、面と向かって教えてくれる人も少ないでしょう。

私自身も、それを意識したコミュニケーションの重要性に気付き、実践し始めたのは、社会人になってから結構な時間が経ってからでした。若い頃は周りを気にせず、かなり自分本位での面白さや楽しさを追求していました。赤面の至りです。

だからといって、一方的に相手を喜ばせるだけの献身かというと、違います。相手が愉快だと、自分も愉快な気持ちになるし、相手もいつかはそうしてくれるはずです。これは、Lev.2でお伝えした「返報性の原理」に基づくものであり、また私自身の実感としてもあります。

そういう時間が、いつかは（またはすぐに）帰ってくるものだと信じて、取り組んでいただきたいです。

Lev.
4

話のパス回し

散らかりの収拾

前向きな提案者

常にポジ姿勢

積極リスペクト

＋αの反応

Lev. 4 話のパス回し ―概論―

ボールを持つだけでなく、「パスの配給役」になろう

相手のエピソードトークや、自分に振られた話に対して、ある程度上手く反応することができれば、いよいよ周囲に「パス出し」をすることも考えてみましょう。**そのコミュニティの中に、パスの配球役が1人いるだけで、毎回の「場」が、がぜん活性化**されます。

さて、少し話は逸れますが、皆様は以下のようなコミュニティや場に居合わせたことはありませんか？

- 特定のおしゃべりな人が、自分の話を続けるだけ
- 全員がおとなしく、あまり発言がない
- 複数人が、勝手に個々で話し始めている

それらは、あまり「回っていない」場と言えます。相互のコミュニケーションが成立していない状態です。せっかく複数人が集まっているのに、これでは意味がないし、あまり豊かな時間とも言えません。「別にそんな場でも問題ない」と思う人を否定するつもりはありませんが、どうせだったら、より楽しい場になるに越したことはありませんよね。

もし、あなたがそんな場に居合わせたなら、**メンバー同士のやりとりを促すべく、さりげなく「パスの配球役」、つまりメンバーに話題を振る役割**を担ってみてください。そんなに難しいことではありません。ちょっと周りに気を配るだけでできます。それであなたが損することは一切ありません。

「なんで、皆のためにそこまで…」と思うかもしれません。それは、皆のためではなく「あなた自身」のためだからです。

もしそこが「つまらない場」だと思ったなら、損しているのはその場を選んだあなた自身です。自分の大切な時間を他人に任せたり、他の何かに責任を負わせ続けたりするのは、一種の思考停止です。きっと状況はいつまでも変わりません。

もし、メンバー同士の愉快なやりとりを「幸せな時間」と考えるなら迷わず率先して動きましょう。あなた自身のために。

方法① シンプルに振ってみよう

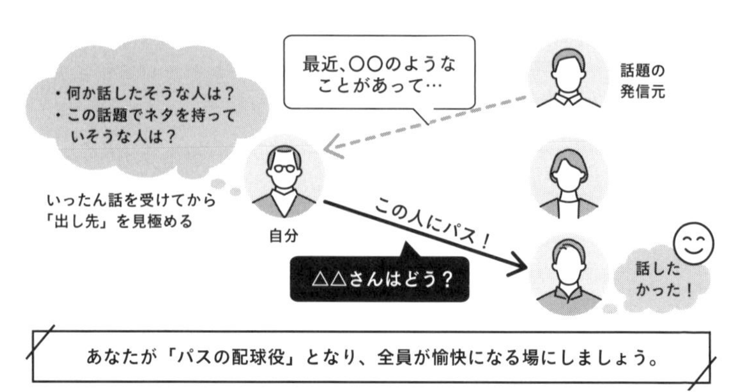

あなたが「パスの配球役」となり、全員が愉快になる場にしましょう。

ある話題で盛り上がっていたとしても、いつしか、よく喋る人たちだけでやりとりしている時間に…。これは職場でも日常生活でも、よく見かける状態です。そんな状態が続くと、放置されている人にとっては非常につまらなくなり、いつしか白けた空気が全体にも拡がります。「回せる人」としては、そんなときこそ「パスの配球役」になりましょう。

そうは言っても、何もトークに噛んでいない状態から、TV番組の司会者のように、いきなり「あなたはどう？」と振っても不自然すぎるので、まず「パス」を正しくもらってから、つまり**誰かのトークを受けて何らかのリアクションをしてから、誰かに目がけてパスを出すこと**が基本です。

振り方としては、「○○さんはどう？」くらいの軽い感じでも全然いいのですが、あまりにオープンな聞き方だと、逆に何を答えればいいか分からなくなってしまうこともありますし、そのパターンだけだと、司会屋っぽくなってしまいます。もちろん、芸人さんのような高度なＭＣ技術をマネする必要はありませんが、できればいくつかの「パターン」を持っておくと便利だと思います。

振り方のパターン例

- 経験ありそう
  - 「○○さんも、同じ／同じ経験あるのでは」
- 前の話に関連しそう
  - 「○○さん、前に言ってた／やってた話に近いね」
- 意外にありそう
  - 「○○さん、意外に興味／経験ありそうだね」
- 何か言いたそう
  - 「○○さん、何か言いたそうだね」
- 楽しそう
  - 「○○さん、めっちゃ楽しそうだね」

上記のように少し要素を加えた振り方をするだけで、相手も反応しやすくなります。参考にしてみてください。

もうひとつは、「誰に話を振るか」です。

いつもよく喋る人や明らかにその話題の主役になりそうな人に振る必要はありません。そういう人は勝手に喋りますから。**「場を回す」ためには、しばらく話題に絡んでいない人に振ることが基本**です。一部の特定の人だけで盛り上がっていても、それは「いい場」だとは思いません。

こんな人に話を振ろう

- **何となく、話したそうな素振りを見せている人**
- **しばらく発言がなく、大人しくなっている人**
- **明らかに、この話題でネタを持っていそうな人**

とくに「話したそう」にしている人は、きっと何らかの素振りを見せているはずです。例えば、こちら側に目を合わせてきたり、「あー、それねー」などと、ちょっと強めに反応したり、分かりやすくうなずいてみたり、そんな素振りです。そういうときは、パッと振ってあげてください。その場にいい感じのリズムが生まれてきます。

話を振ったところで、話しづらそうにしていたら、すぐ他の人に振り直せばいいだけです。そのときの注意点は後述しますので、そちらもご参照ください。

このスキルの発展版が「ファシリテーション」

Lev.4でお伝えしている内容は、ビジネスでも日常でも使える技法ですが、それをさらにビジネス向きに発展させると、「ファシリテーション」というビジネススキルになります。昨今、かなり重要なスキルとして位置付けられるようになりました

簡単にご紹介すると、会議や打合せを活性化し、質の高い意思決定を促すための、下記の一連のスキルです。

- **目的に沿って、議論の流れを設計する**
- **メンバーに問いを立て、見解やアイデアを引き出す**
- **話しやすい雰囲気をつくる**
- **ズレたら正しつつ、要素を整理整頓していく**
- **「選択基準」を使って、意思決定を促す**

ビジネスの現場においては、これが上手くできないと、社内のメンバーや外部から、知恵や情報を効果的に引き出すことが難しくなります。とくに、組織をリードするリーダー／マネジャークラスにとっては、もはや必須と呼べるスキルでしょう。

ご興味ある方は、拙著『パワーファシリテーション』(すばる舎)」にも、ぜひお目通しくださいませ！

方法② 「ちょっと考えてもらう」質問をしよう

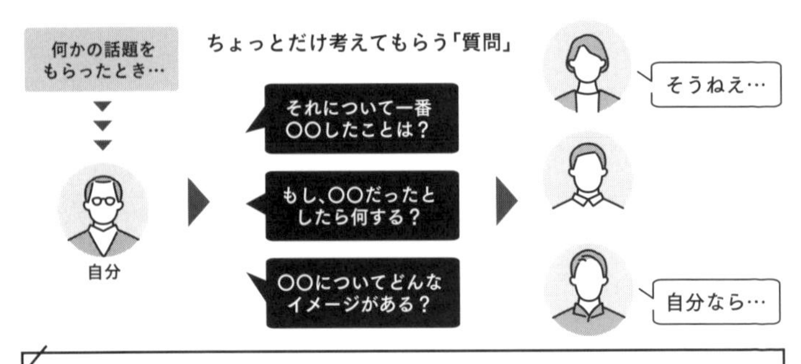

こういう「考える」質問から、エピソードトークの限界を超えていこう。

ある話題に関して、シンプルに「あなたはどう？」とオープンに振ったり、前述のような「似たようなことあったよね」などの一言を添えて振ったりするやり方をご紹介しましたが、それを少し発展させた技法があります。

その話題に関連して、ちょっと考えてもらう質問を繰り出すという方法です。例えば、過去のエピソードの回想や、今時点での感想を伝えてもらったり、ちょっとした「アイデア」を考えてもらったりするのです。

うまくはまれば、場はぐるぐる回ります。過去のエピソードには限りがありますが、アイデアには限りがありませんから。

「ちょっと考えてもらう」質問例

- 一番
  - **「それについて一番○○したことは？」**など
- もしも
  - **「もし、○○だったとしたら何する？」**など
- １つだけ
  - **「○○に関して、１つやりたいことをあげるなら？」**など
- イメージ
  - **「○○についてどんなイメージがある？」**など
- あなたなら
  - **「あなただったら、○○をどうする？」**など

あまりに難しい質問だと詰まってしまうので、上記のようなレベル感で充分かと思います。もちろん、特定の相手に考えてもらうだけではなく、その場にいるメンバー全員を巻き込むこともできます。

このような「アイデア型」の振り方は、その人の中でも、そして周りのメンバーへも思考が拡がるので、場を回すために、大変効果的な方法だと思います。私もよく使っています。

「妄想的」な話題をつくろう

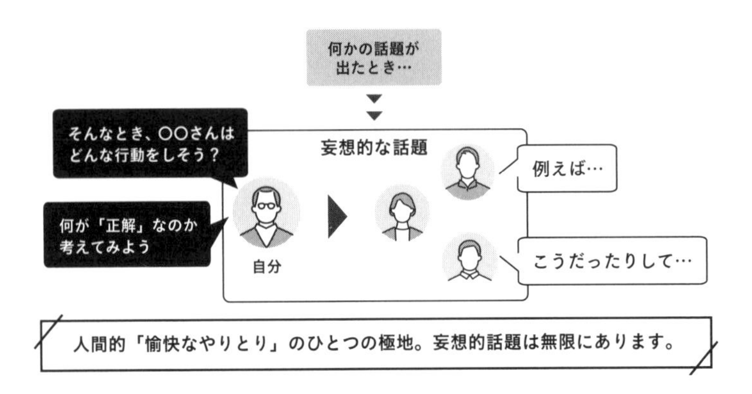

ここまでご紹介した技法は、その場で自然に生まれた話題に上手く乗り、場を回していくというものですが、今からお伝えする内容は、方法②の発展版として、**全員が乗れるような「妄想的にアイデアを出して遊べる」話題**を提供するという方法です。

難易度はやや高めですが、「回せる人」としては、会話が途切れそうになったり、その場が落ち着いてしまったりしたとき、そこにもう一度「火を付ける」技法として身に付けておくことをおすすめします。

いい話題を提供し、それがきっかけで場が一気に盛り上がる瞬間は、最高に嬉しいものです。

話題を見つけるための「古典的」切り口

「妄想的話題」についてご紹介する前に、少し寄り道させてください。汎用的に使える話題の頭文字をとった「木戸に立ちかけせし衣食住」という古典的フレームがあります。

（木戸に立ちかけせし衣食住）

「き」気候、　「ど」道楽、　「に」ニュース、

「た」旅、　「ち」知人、　「か」家庭、

「け」健康、　「せ」世間、　「し」仕事、

「衣食住」衣食住

原稿の段階では、パッと見で、
「ちょっと長くて覚えにくい」
「最後の『衣食住』が強引だ」
などと書きかけましたが、文字として書き並べ、じっくり眺めてみると悪くはないですね。味わい深いです。これはこれで、結構使えそうな気がしてきました。

ただ実際使おうとすると、「世間」と「ニュース」が近そう…だとか、「気候」は一瞬で話が終わりそう…だとか、「衣」も、相手がオシャレな人以外あんまり使い道なさそう…だとかいろいろ考えはじめると、ちょっと改編したくなりました。

「獅子に湯ーかけた」（※楠本作）

- **「し」仕事**
- **「し」趣味／遊び**
- **「に」ニュース**
- **「ゆー」友人**
- **「か」家族**
- **「け」健康／美容**
- **「た」食べもの**

私が10分くらいでテキトーにつくったものなので、悪しからず。あっついお湯をかけられた獅子が驚いて、その場を暴れ回り、場を活性化させている…そんなイメージで。あなたが場に注ぐHOT WATERで、雰囲気もHOTにしてください。

閑話休題。話を本編に戻しましょう。何の話題もない状態からやりとりを始めるためには、「獅子に湯ーかけた」みたいな切り口を使わざるを得ませんが、何らかの会話が発生しているときは、その中で出てきたキーワードを基点として、メンバーが相乗りできるアイデア型の話題、「妄想的に話せる話題」を持ち込んでみましょう。

妄想なので、メンバーの経験や記憶が制約になることはありません。やや大喜利的な感じになりますが、上手くはまれば盛り上がります。

皆が乗れる、「妄想的話題」の切り口例

①状態を予想しよう

（Aさん）「取引先のA社さん、ホワイト企業で有名だよね。みんなワークライフバランス完璧だって」

（Bさん）「本当にいい会社さんだよね」

（自分）「ちなみに、ホワイト企業A社さんのオフィスってどんなだと思う？」←妄想的話題

（Aさん）「そうだな…どこかに『目安箱』とか置いて、いつも改善活動してるとか…」

（Bさん）「なるほど。それか、皆んなカフェスペースで無理矢理笑顔で会話してそう」

②行動を予想しよう

（Aさん）「ウチのボス、次のカラオケ飲み会に向けて、結構気合い入ってるんだよね」

（Bさん）「確かに、ボスは選曲とか結構気にするし、きっといろいろ調べたりしてるよね。」

（自分）「ちなみに、ボスはいまどんな検索ワードを入力していると思う？」←妄想的話題

（Aさん）「例えば『バラード・OK・終了何分前 』とか？」

（Bさん）「ありえそう。あと『40代・イタくない・最新曲』とか、本気で調べてそう」

③正解を考えよう

（Aさん）「経理にいる、あのふたりって、何かの先輩後輩の関係だったらしいよ。同期に見えるけど」

（Bさん）「意外ですよね。学校の先輩後輩ではないらしい」

（自分）「じゃあ、あのふたりって、何のときの先輩後輩だったか当ててみよう」←妄想的話題

（Aさん）「えーっと、暴走族の先輩後輩だったとか？」

（Bさん）「絶対違うやろ。それか、オンラインゲームでの主従関係とか…」

（Aさん）「その関係、リアルに持ち込むのすごいですね」

④解決策を考えよう

（Aさん）「この前、寝坊して会議に遅刻したんですよね…」

（Bさん）「そりゃ大変だったね。遅刻して会議室入るとき、めっちゃ気まずいし」

（自分）「じゃあ、会議に遅刻した時、自然に会議室に入っていく方法を考えてみよう」←妄想的話題

（Aさん）「そうですね…。電話しながら入るとか。『あー、それはですねー』とか言いながら、スッと席に座る」

（Bさん）「それAさん、前にやってましたよね。あと、何かにブチ切れた様子で入っていくとか。『ったくもう…』とか呟きながら」

⑤実演してみよう

（Aさん）「あのBAR、素敵な女性が結構くるんだよね」

（Bさん）「確かに。でも、なかなか話しかけることって難しいですよ。いい方法ないかなー」

（自分）「素敵な女性がカウンターに座ってたとして、どう声かけるかやってみよう」←妄想的話題

（Aさん）「うーん『おひとりですか？』かな」

（Bさん）「普通すぎるやろ。
俺なら…『素敵なお洋服ですねー』かな。
意外な角度から攻める！」

（Aさん）「それも普通ですね」

上記の切り口は、あくまでも参考例です。話題を拡げるためのフレーズとして、「もし○○なら、どうする？」というものを覚えておくだけで、いろいろと活用できるので便利です。

ただ、あまり頑張りすぎる必要はありません。ある話題で盛り上がっているときに、無理に新しい話題を持ち出す必要はありません。

また、こういう話題が苦手な人もいるので、難しそうであれば、無理に続ける必要はありません。常に相手の目線で！

やらない方がいいこと

① 既に、場を回している人がいるのに無理する

そういう役割は、場に1人いればいいでしょう。司令塔がいるにも関わらず、無理して他の人が同じ役割を担おうとすると、何となく場が気持ち悪い感じになります。あなたが丁寧に場を回しているのにも関わらず、ヨコから急に同じようなことをし始める人が現れたら、ちょっと違和感ありますよね。

その場に「場を回してくれている人」が既にいるならば、その人のサポート役として「裏で回す」役割に徹するのがいいでしょう(応用編として後述)。

② 一部のメンバーだけで回してしまう

既に何度か書いていますが念のため。いくら話が盛り上がっても、特定のメンバーだけで回っている状態は、あまりいい場とは言えません。退屈していそうなメンバー、話題に取り残されているメンバーがいたら、そのまま放置せず、自然な形で振ってあげてください。

また、一部のメンバーが暴走しているときは、上手くいなして調子に乗らせすぎないことも重要です。メンバー全員が愉快に思える場をつくりましょう。

③ 答えにくそうなのに、しつこく聞く

ある話題で、人に振ったとしても、その人にとっては難易度が高すぎて答えにくかったり、理由があって答えたくなかったりすることもあります。

もちろん、振ってみないと分からないものなので仕方はありませんが、その振りが、相手にとって「心地のよいもの」かどうかを、反応や様子などを見て感じ取らなければいけません。あ、なんかちょっと難しそう、この話題嫌そうなどと感じたら、パッと切り替えて他の方に行くか、話題を上手く切り上げる臨機応変さも重要です。

④ 盛り上がって、深追いしすぎる

ある話題を基点に、場を回して盛り上げることに成功すると、当然いい気分になります。かといって、あまりにしつこくその話題を引っ張って、「もうその話題はいいよ…」と飽きられたらもったいないです。

深追いしすぎず、大きな笑いが生まれたタイミングで、さっと手じまいするべきです。8割くらいの追い方で丁度いいと心得ましょう。一旦そこで回し役としては休憩し、次のいい話題がでるまで様子を見ていてもいいです。ずっとその役割を続けるのも疲れますしね。

応用編 「裏回し」という技法

芸人さんが、「裏回し」という言葉を使います。それは、場回し役がいるときに、その人の意図を汲み取り、話をうまく受け取りながら周りに展開する、いわば「影の進行」を行うことを指します。

バラエティ番組では、進行役（場回し役）となるMCの方がいて、その他数人のキャストとやりとりしながら進行していくという構成を多く見ます。ただ「MCが振って、キャストが答える」というやりとりだけでは、あまり面白くありません。

MCが繰り出した話題の中で、キャストからキャストへのパス出しがあり、それぞれ同士の掛け合いも加わるから、面白さがさらに増していきます。場の盛り上げ役とも言えるMCとしても、そういう展開になると、とても助かるのではないでしょうか。そういう人の重要性が認識され、「裏回し」という言葉が生まれたのではないか？ と推察しています。

先ほどお伝えしたように、既に「場回し」をしてくれている人がいれば、その人に任せておけばOKですが、可能であれば、その人のサポートとして、ぜひあなたが「裏回し」をしてあげてください。その方法を簡単に説明します。

「裏回し」の基本的な技法

●場回し役から振り出された話に、ポジティブに反応する

基本は、「ポジティブに反応」してあげることです。できればそれに加えて、いい「返し」を入れることができればbetterです

●話を振られたメンバーの反応に、「突っ込み」を入れる

メンバーの反応に面白い部分があれば、そこに対して突っ込みを入れましょう。話題を振った「場回し役」からも喜ばれます。場回し役が突っ込みを入れたら、重ねる形で突っ込みを入れてもいいです

●その話題について、場回し役にも振ってあげる

これが結構重要。振り出したその話題は、本人もそれについて話したい、ということも多いです。メンバーからの反応が一段落したら、一度振ってみましょう

本書でお伝えしている「場回し」技法は、ＭＣ的にバンと前に出て、その場を仕切るということよりも、ここで説明した「裏回し」の位置付けに近いと思います。前に出すぎず、出てきている話題に沿って、さりげなく回していく方法こそ、日常生活の中で現実的に使えるのではないでしょうか。

人はなぜ「悪口」を言うのか？

誰しも聖人君子にあらず、「人の悪口や愚痴」が話題になることがあります。人はみな、誰かへのネガな気持ちを少しは持っているもので、少しきっかけを与えられると、簡単にそんな話題になります。ごくたまにであったり、1対1で聞いてあげたりするくらいならまだマシですが、何人もいる場で、あの人はどうだとかダメだとかの話題を繰り返すようなコミュニティは、明らかに不健全です。

なぜ、人は悪口を言うのでしょうか。ただの鬱憤晴らしだけではない、人の心理が根底にあります。まずは自らその心理に気付き、ネガな話題に入りこまないようにしましょう。

人よりも優位な立場でいたいから

「自分よりも下」とみなした人を悪く言い、その人の評価を下げ、自分の立場を相対的に優位にしたいという心理です。ただそれをやっても、会話の相手と共有するイメージの中だけの話で、実際に「上がる」ことはないです。悪口をよく吐く人は、何かのコンプレックスを隠すために、そうしてしまうこともあるのではないでしょうか。

「共通の敵」をつくり仲よくなりたいから

「敵の敵は味方」方式です。ある人への悪口を言い合う、という手段を使い、悪口を言い合った人と「共感」し合って、仲よくなろうとする心理です。人は同じ考えを持つ相手にシンパシーを抱く、という傾向がありますが、そんな「ネガな考え」で通じあっても、健全な精神は保たれず、その関係自体も不安定なものとなるでしょう。

話題を提供して、存在を認められたいから

皆と話すために、何か話題を提供しないと…という焦る気持ちが、一番簡単な「人の悪口」という話題に手を付けてしまうというパターンです。この理由も意外に多そうです。それで運よく「確かにあの人はそうだよね」という賛同を得られたら、コミュニティにおける自分の存在を示すために、麻薬のようにそういう話題を続けてしまう…。

また、集まっても話題がないから手持ち無沙汰となり、知らずに、そして安易にそんな話題に入り込んでしまう、というケースもあります。そんな状況を避け、コミュニティを健全に保つためにも、誰かが「ポジティブな話題」を供給することは、大変重要であると考えますが、皆様はどう思いますか？

僕の愛する、「居心地のいい店」

私は、今まで行ったことのないお店や、誰も知り合いがいないイベントなどの「新しい場」に顔を出すことが結構好きです。今まで、そういう経験をたくさんしてきたのですが、新しく顔を出したその場が、いつも「楽しい場」だったという訳ではありません。何となくヤな感じだなーと感じることもあります。

よくあるのが、前からその「場」にいる人たちが、当事者同士しか分からない内輪ネタを、これみよがしに延々繰り返し、盛り上がっている（ことを見せつけている？）…というケース。そういうことはたまにあるので、私は「へー、ここはこんな感じの人達が集まっているのね」と冷静に見るようにしていますが、普通はめっちゃ嫌な気分でしょう。

なぜ、そんなことをするのかといえば、新参者に対して「優位な立場」に立ちたい気持ちだと思います。あなたが知らないこと知ってるよ、既に皆と仲いいよという事実を見せつけて、何となく優位に立ちたいのでしょう。または排他の悪意か…。

そしてBARのような客商売のお店でも、そんなことがたまにあるのです。店員もろとも、常連と一緒にそれをやっちゃうような感じです。そんな嫌な思いをさせられても、ガッツを見せて通い続けるお客様もいるのでしょうが、僕はそんな失礼な店には二度と行かないことにしています。

そんな私が、こよなく愛し、通っているお店があります。駒沢にあるBARです。ある雨の日、偶然通りかかり、雨宿りも兼ねてふらっと入ったことがきっかけで、そのお店に通うこととなりました。

そこには素敵な女性の店主がいて、一見の客でも緊張せず寛げるような、居心地のいい空気をいつもつくってくれています。

例えば、常連さんと店主さんしか知らないエピソードトークなど山ほどあるのでしょうが、他の客がいるときはあまりしません。他の客も絡めるようなオープンな話題を出してくれます。また、常連客同士の内輪話がエスカレートしそうになると、一見のお客様や歴の浅いお客様に配慮して、適当にそれを止めてくれたりします。面白く諌める感じで。

だから、誰でも最初から楽しいのです。その結果、常連と新しいお客様のバランスが常に保たれており、また常連さんのほとんどが、それをわきまえ、皆でこの店の空気をつくろうという感じにもなっています。

豊かな時間が流れる場所です。いつ訪ねても、誰がカウンターに座っていても、いつも柔らかい空気で満たされている。そんなしっとりと楽しい、素敵なお店なのです。

Lev.
5

散らかりの収拾

前向きな提案者
常にポジ姿勢
積極リスペクト
+αの反応
話のパス回し

5 散らかりの収拾 ―概論―

話が散らかったままでは、組織も散らかってしまう

コミュニティにしばらく属していると、楽しい場面だけではなく、困った状況に直面することも当然あります。そんな状況の典型例としてあるのは、皆で何かを決めなければいけないときに、話が散らかって収拾がつかない状況です。

カジュアルな話題なら、まとめる必要などありませんが、職場であれば、そんな場面だらけです。職場以外でも、例えばPTAの集まりであれば、イベントの企画を考えることもあるでしょうし、仲間うちであれば、旅行の行き先を決める場面もあるでしょう。

そんな、総意をまとめて結論を出さなければいけない場面であるにも関わらず、各メンバーが思い思いのことを脈絡なく主張し、収拾がつかなくなることが往々にしてあります。誰かが話すたびに論点がコロコロ変わり、今、何を話しているのかが誰も分からないカオスに…こんな状況になると、いくら時間をかけても無駄で、気持ち的にも苦しくなります。

それで仕方なく、誰かが強引に決めたり、学級会でやったような多数決で決めたりするのですが、それらはあまり納得感が得られる方法とは言えません。

決め方に問題があると、メンバーが上手く動いてくれませんし、決定した内容の「質」が悪ければ、コミュニティをよからぬ方向に導いてしまうことにもなりかねません。さらには、そういうことが続くと、コミュニティにしこりや不満が蓄積してしまう恐れもあります。それは、どんな小さなコミュニティでも同じです。

もし、話が散らかって、いい意思決定ができなさそう…と感じたならば、そういうときこそ「回せる人」の出番です。ぜひ、散らかりの「収拾役」となってみましょう。困った状況を突破してこそリーダーであり、周囲から強力な支持を得るチャンスでもります。ただ、それやるには、結構頑張らなければいけないのも事実。無理のない範囲で挑戦しましょう。

そもそもの「目的」を確認しよう

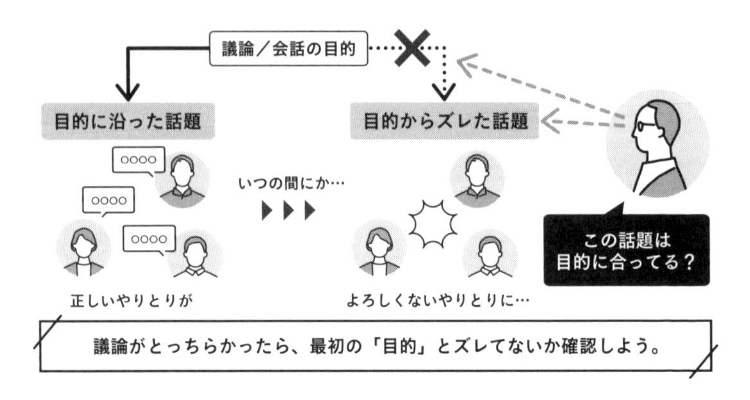

会話がヒートアップしてきて、そもそも何のための議論だったかを意識しなくなってしまう、つまり「目的」を忘れてしまうという状況はよくあります。こうなると、その会話は確実にとっ散らかっていきます。

「目的を確認してから議論する」というのは、ビジネスコミュニケーションでは当たり前のお作法（…と言っても、できていない人が多いのも事実）なのですが、カジュアルな場面では、「そもそもの目的」などを確認する手順などもなく、思いついたアイデアや感想をひたすらぶつけ合い、結果、カオスに陥ってしまう…ということがよくあります。大もとの「目的」に関する捉え方がバラバラだと、いくら時間を使って議論しても、納得感ある、いい結論が導かれるはずなどありません。

ですので、もしあなたが参加している会合や打合せで、「この話、とっ散らかっているなぁ…」と感じたら、**まず、「この会話はそもそも何のため？」と目的を思い出し、各々の捉え方にズレがありそうなら、メンバーに伝えてあげましょう**。

気を付けるべきことを強いて挙げるならば、その「伝え方」です。基本は「ここで、目的を再確認しましょう」とキリッと言ってしまうのでOKなのですが、残念ながらそんな当たり前のお作法を全く知らない人にとっては、前述のように伝えても理解されないことがあります。そのコミュニティのために、こちらがよかれと思って言ったことで、「なんかこの人偉そうだ」とか「かしこぶっている」などと思われたら、たまったものではありません。「回せる人」としては、正論を伝えるときこそ、ぶしつけに聞こえないような気づかいが必要です。

「目的を確認する」ときの言い方例

- 「確認ですが、このお話の目的は、
  〇〇をするためで合っていましたか？」
- 「すみません。これは、何のための議論だったか、
  一度確認しませんか？」
- 「今出しているアイデアで、なにが実現できれば
  OKなんだっけ？」

方法② ズレたら、やさしく正す

3大「ズレている状況」

① 全然違う話をし出す

② 総論／各論過ぎることを言い出す

③ 結論を急ごうとする

相手

自分

その話、あとでやりましょう！

やんわり戻そう

相手

自分

つまり、〇〇ってことですかね？

確認してみよう

相手

自分

他は見ずに今決めますか？

けしかけてみよう

ズレがわかったら、やんわりと軌道修正しよう。でないと終わりません。

日常の会話でも、会社の会議でもよくある状況ですが、その場で話していることと、全然違うことを突然話し始める人がいます。後述しますが、それで自分の存在をアピールしようとする人もいるのです。そういう状況を放置し、発言されるがまま進めてしまうと、いつまでたってもまとまることなく、時間だけが無駄に経過していきます。「回せる人」としては、**話が脱線したり、脱線させるような人たいたりしたときには、メンバーのために、話を本線に戻すサポート**をしてあげましょう。

ただ、よかれと思って「その話はズレてますよ」とか「今はそういう話をしてない」などとストレートに指摘してしまうと、意図せず相手を傷つけてしまったり、思わぬ反発を喰らったりする恐れがあります。

そんなときこそ、Lev.1「常にポジ姿勢」で紹介した、「やさしい質問／提案」でコントロールするという技法を使いましょう。皆様覚えていますか？ **指摘をする代わりに、分からないフリをして質問し、大事なことに気付かせる**という方法です。

パターン別の「やさしいズレの正し方」例

- 突然、誰かが別の話をし出したとき
  - 「その話とっても重要だから、今の〇〇の話をパパッと片付けてから、後でじっくりやらない？」
  - 「それは〇〇というテーマの話だね。それについて先にやるか、今の話をやってしまうか、どうする？」
- 総論すぎる／各論過ぎることを言い出したとき
  - （総論過ぎるとき）「それをもう少し具体的に言うとするなら、例えばどんな感じになるかな？」
  - （各論過ぎるとき）「ちなみにその案って、どういう括りの中での１要素、と言えるんだろう？」
- 急に結論を出そうとしてきたとき
  - 「その案に決めたい訳ですね。どうする？ もうちょっといろいろ出してから決める？ それか今決める？」
  - 「それもいいね。皆んなはどう？ 他にいいアイデアがあれば、それも一応候補にいれてもいいよね」

「質問でコントロールする」という技法は、カジュアルな場でも、家族とのコミュニケーションでも、そしてビジネスシーンでも使えるので、覚えておくと便利です。**「人は、命令だと受け入れられないが、質問の形にすると受け入れられる」**とは、デル・カーネギー氏の名言です。ちょっと表現を変えるだけで、人が受け取る印象は大きく変わるものなので。

しかし、いくら丁寧に伝えたとしても、自分の発言のどこかズレているのか理解できない人や、あなたの指摘が的を射ているが故、自分の失態を誤魔化すべく反発してくる人もいます。ビジネスシーンでもよくある状況です。

そういうとき、こちらも意地になって「だからぁ…」とかいってバトルしてしまうのは、あなたの貴重な精神をすり減らすだけなのでやめましょう、頑張って論破したとしても、わだかまりが残るだけです。

「いったん」という便利な言葉

目的を明確に示し、やさしく質問でコントロールしながら話を進め、ようやく話が前に進みそうだ…と思った矢先、突如としてその結論に対する反論が出てくることがあります。その反論が的を射ているならきちんと受け止めるべきですが、考えても仕方ないようなことや、枝葉末節の部分で反論してこられると、皆が「うーん…、どうしようか…」と、話が膠着状態になってしまうことがあります。

そんなときの突破法です。何となく、その場にいるマジョリティが納得できていそうな結論が見えていたなら、

「いったん、仮にこれで進めて、
もし違っていたら戻りましょう」

と言って、先に進めてみるのです。あくまで「いったん」なので、異議を唱えられることはあまりありません。

強引に進めていくのは問題ですが、とりあえず「仮決め」で話を前に進めていくと、ちょっと前に、いろいろと決めあぐねていたことが、別にどうでもいいことだったり、話が変わっていき、先ほどの議論が関係ないものになったり、そんなことは本当にしょっちゅうあります。

細かい部分に引っ掛かって時間を浪費するよりも、”Roughly Right”（ざっくりあっていたら、まずは進めていく）の精神で、先に進めていった方が生産的です。

方法③ 選択肢を出し、基準で選ぶ

選択の基準

	〈基準1〉コストの安さ	〈基準2〉使いやすさ	〈基準3〉耐久性
案①がいい！	○	◎	○
やっぱ案②でしょー	△	×	◎
わたしは案③を推します！	×	△	○

メンバーから納得感を得られる、いちばんの決め方は「基準」を使うこと。

コミュニティの中で発生する、様々な難しい局面を、工夫を折り重ね、なんとか回してきた人が最後にやるべきことは、大方のメンバーが、納得感を持って「これで行こうよ！」となるように持っていくための、まとめ作業です。

そこまでの議論や対話を通じて、ある「案」が導かれ、大方のメンバーがそれに合意できそうな雰囲気が明らかにあれば、「皆様も支持している、その案でいきましょうか」と、あなたがキュー出しして終えてください。それで問題ありません。もちろん、その案が目的に沿っているものかどうかを確認することは前提です。

一方、議論は重ねたものの、そこまでに出てきた要素が散らかっていて、何かの案に絞り込める状態ではなく、いよいよ結論を出すべき時間になっている…こんな難しい場面で、「回せる人」として、どのように進めればいいのでしょうか。

まずやることは**「取り得る選択肢」として何が残っているか？ について明確にすること**です。話が錯綜してくると、結局、何と何で迷っているのか？ について、よく分からなくなっていることがあります。そして整理すると、意外に複雑ではなかった、ということも。今までのやりとりを思い出し、選択肢を整理して伝えましょう。

選択肢を整理するイメージ

- 「ここまで出てきているアイデアをまとめると、〇〇と、△△と、××ってところかな」
- 「ここでいったん整理しましょう。選択肢としてあるのは、〇〇と××と△△ですね」
- 「さっき、〇〇については決まったから、後は、△△と××を決めればOKだね」

これをやるだけでも、散らかった場の収拾、そして、皆が納得できる結論に大きく近付いています。

選択肢を整理できたら、それらの中から一番納得できるものを決めるのみです。その方法としては、**話の目的に合致した「選択の基準」となるものを、1つ～2つくらい提示し、それに照らし合わせて各案を評価し、最も合致しているものを選ぶ**のです。「選択の基準」というと、ちょっとカタい印象があるかもしれませんが、日常生活の中でも普通に使っています。

例えば、「すぐに成果を出したいので、短期でできそうなものはどれだろう？」とか、「長く使うから、飽きのこなさそうなものを選びたいよね」などのような会話はよくしますよね。選択の基準をもって選ぼうとしているのです。

「選択の基準」の例

（例：ある試合で勝つために、どんな「トレーニングの方法」を採用すべきかについて決める場面）

- 「効果」がありそうか？
  - **「どの方法が、試合に勝つためのトレーニング法として効果が高そうかな？」**
- 「実現」できそうか？
  - **「そもそも、メンバーが実際にできるようなトレーニング法を選ぼうよ」**

- 「コスト」は想定内で収まりそうか？
  - **「お金かかるアイデアもあるので、予算の枠に収まりそうなものを選ぼう」**
- 「他との違い」があるか？
  - **「相手に勝つために、他とは違う方法ではないものにしよう」**
- 「関係者」に受け入れられそうか？
  - **「チームの後輩も含めて、その方法に納得感が得られるものでないと…」**
- 「継続」できそうか？
  - **「すぐに断念しそうなものでなく、長く続けられそうなものを選びたいね」**

会話の中で「選択の基準」が自然に出てくるときはいいのですが、それがないところから、メンバー全員で基準を考えるというのは、若干難易度が高いかもしれません。

ですので、このメンバーから、選択の基準についてアイデアをもらうのは難しいかな…と思ったら、あなたからパッと「例えば、こんな基準でしょうかね？」と、例を1つ～2つ、メンバーに提示してあげてください。それに反対する人は意外にいないもので、大体それで上手く進んでいきます。

やらない方がいいこと

① 相手を諭すように正す

　前述の通り、ビジネスパーソンも含めた多くの方は、正しい議論の進め方や、基本的なお作法を知っている訳ではありませんので、「目的が大事ってことがなぜ分からないの…」とか、「今そんな話をしてないだろう…」と嘆いても始まりません。

　そんな「やれやれ…」というホンネが、言葉や表情から伝わってしまうと、反感を持たれる恐れもあります。前述の「質問や提案の表現」などを使って、相手のことを決してバカにせず、目線を落として、やさしく伝えてあげないといけません

② 強引に決めようとする

「回せる人」は、しなやかなリーダーシップを発揮する存在ですが、イコール「意思決定していい人」ではありません（もちろん、意思決定する人が、回せる人になるのはOKです）。あまりに強引な感じでそれをやってしまうと、下から入る「グランディングのアプローチ」から、「マウンティング」になってしまいます。

　もし、何かを決めなければいけないとき、明らかな意思決定権者がいなければ、最初に「結論が割れたとき、最終的に誰が決めるか」について決めておく方法もあります。やるなら最初。各々の主張が展開された後でやると、決めにくくなります。

③意地になって深追いしすぎる

話が散らかっている状況において、「皆のために何とかこの場を整えよう」という気持ちを持ってトライする人は、間違いなくコミュニティのキーパーソンとして認められていきます。

しかし、正義の意識が強すぎると、いつの間にかこちらも意地になってしまうことがあります。「回せる人」としての矜持はあってもいいですが、最悪その議論がまとまらなくても、死ぬ訳ではありません。ある程度までは頑張ってみるべきですが、「あ、これ以上やってもどうしようもないな」と感じたら、そーっとその議論から撤退していけばOKです。もともと難しい状況なのですから、できなくてもあなたの責任など一切ありません。

応用編 よくいる「決めたことを壊しにかかる人」に対抗する

Lev. 5で、散らかった話を収拾する方法についてお伝えしましたが、そんな技法を使って丁寧に進めていこうとしても、意図的にクラッシュしたがる人がいます。そういう人、日常生活でも、仕事でも割といるんですよね。不運にも「クラッシャー」に出くわしてしまったら、今からご説明する方法で対処してください。

基本的なスタンスとして、クラッシャーに対しては、Lev.1でお伝えした「ポジティブ姿勢」や、Lev.2の「積極リスペクト」を繰り出す必要はありません。かといって、バトルモードになる必要もありませんが、「毅然とした態度」で対峙することは重要です。ここから、具体的な対応方法について、クラッシャーのタイプ別にまとめてみました。

①勝ち馬乗り型

「いい意見をいうと、同調してくれる人」がいることは、コミュニティにおけるやりとりを円滑にするために、いてくれた方がいいのは間違いありません。ある発言について、誰かが何か反応してくれないと、話が前に進んでいきませんしね。

しかし「よく反応してくれる」といっても、きちんと内容を咀嚼してそうするタイプと、その場の何となくの雰囲気で「勝ち馬」を見つけ、話の流れや内容をあまり考えず「それが正しい」と決め付けてくるタイプの両方がいます。後者の「勝ち馬乗り型」の人がいると、議論がいちいち行ったり来たりしてまとまりません。

ソフトな対処法　対案を顕在化する

「まだ話の途中であるにも関わらず、「これでいこう」「これがいい」という、勝ち馬乗りの発言によって、なし崩し的にその案でいいいか…という雰囲気になることがあります。それ自体は悪くないのですが、まだ話がいかようにも中途半端な状態であるならば、

「候補となる案は、〇〇と、××と、△△の３つですね」と、

その時点で「取り得る選択肢」を顕在化して、メンバーを落ち着かせましょう」

ハードな対処法　「デメリット」を考えてもらう

「絶対にA案がいいよ！」というような、勝ち馬乗りの発言に押されそうになったとき、

「議論を深めるために、A案のデメリット／リスクについても考えてみましょう」と、

逆のアングルで考えさせる問いを立ててみるという方法です。必要以上にHOTになってしまった案をいったん冷ますための、やや強めの方法です。

②ちゃぶ台返し型

「他とはちょっと違う視点で発言し、気付きをもたらす人」がいると、意外な角度からの意見が、話を深めてくれることにも繋がり、コミュニティにとって有益な人であると言えます。

しかし、こういう人は時として、「話をひっくり返すことで、存在感を見せつけよう」と、妙な方向にエスカレートすることがあります。「論客ポジション」の人が言うことなので、メンバーも無下にすることができず、「確かにそうですよね…」とか反応してしまい、気持ちよくさせ益々エスカレートしていく、という悪循環に。結果、その人がいるせいで、毎回話が進まなくなります。

ソフトな対処法　ポジティブに反応しない

ポジティブに「確かに…」「そうですよね…」という感じで受けてしまったり、その発言に対して「どうしましょうか…」とあたふたしてしまったりするから、その人を調子づかせるのです。

なので、

「うーん…」と、

わざと困った表情を出してみて、「自分の発言が皆を困らせている」という実感を持たせてみましょう。

ハードな対処法　**「やり直しますか？」と聞いてみる**

ちゃぶ台返しがあったとき、

「では、一番最初からやり直しますかね？」と、

嫌味なくその人と、周りのメンバーを見渡しながら爽やかに聞いてみましょう。「あなたが無責任に発した言葉が、今までの皆の時間を全て無駄にしそうですが、その覚悟がありますか？」と暗に迫っているのです。そうすると、余程でない限り、意外な反応にビビって引っ込めてきます。

③後出し型

「決まったことについて、冷静に建設的なコメントやアイデアをくれる人」は、結論をよりよいものにするために、コミュニティには有益な存在です。

しかし、皆がいるときには直接言わず、少人数になってから、あれこれ文句をつけたり、「私は違う意見をもっている」という私見を後出し的に述べる人もいます。その場をリードできなかったフラストレーションを発散させたい気持ちや、少人数の中での同調を引き出し、優越感に浸りたいという気持ちがそうさせるのでしょう。こういう人がのさばると、コミュニティの雰囲気を悪くするだけで、害悪でしかありません。

ソフトな対処法　基本、気にせず進めていくこと

ちゃぶ台返し型のタイプ同様、そんなルール違反を繰り返す人をおもんばかる必要は全くありません。そういう人を気にしたり、後出しの意見に影響を受け過ぎたりするから、勘違いした「ご意見番」的な立ち位置を見つけて、つけあがるのです。皆で決めたことなら、気にせずにそれをベースに進めていきましょう。

ハードな対処法　席上で、対案を考えさせる

席上で、ごそごそ文句を言う感じが見えるなら、「その場で発言させる」ことです。決して嫌味な感じにならず、微笑をたたえながら、

「なるほど。そこに異論があるのですね。
ならばそれについてどうしましょうかね？」と、

本人に振って、あとは黙ってしまいましょう。そういう人は、文句を言えば、誰かが拾ってくれるという甘えがあるものです。ここは厳しくいきましょう。

④気分屋型

「喜怒哀楽をはっきり示してくれる人」は、コミュニティに活気を与えてくれる人です。ただ、自分が気にいらないことがあったら、すぐ不機嫌になり露骨に態度で示してくる人に豹変する可能性があります。

自分の好みや希望と合わないことを誰かが提案したり、それ

が決定したりすると不機嫌になり、露骨に非協力的な態度を示してきます。自らの考えを持つのはいいのですが、それを上手く表現してメンバーを納得させるような説得力がないからこうなるのです。いわゆる子どもっぽい大人です。

ソフトな対処法　とりあえず、しゃべらせる

こういうタイプは、ただ自分の思いを言えなかっただけでスネているだけかもしれません。主張や提案が苦手なので、態度で示すしかなくなっているのです。もし、そんな様子が見えたら、とりあえず、

「これについて、○○さんはどう思う？」と、

振って喋らせてみましょう。意外にそれだけでガス抜きができてしまうこともあります。

ハードな対処法　「○○さんの意見を参考に…」と言ってみる

こういう人は、主張したいけど、上手くできない葛藤を抱えているタイプが多いので、

「○○さんもさっき言ってた通り…」とか

「○○さんの発言にヒントをもらいましたが…」など、

名前を出して「尊重されている」感を出すと、それで満たされはじめ、態度が変わっていく可能性があります。

会議好きだけど、会議が下手な会社

過去、関わっていた会社でのエピソードです。コンサルのクライアントではありませんよ。

その会社、当時は飛ぶ鳥を落とす勢いの業績で、採用も積極的に行っていました。新卒では国内のTOP大学からバンバン採用し、中途でも大手コンサル会社や有名企業からかなりの人数を獲得していました。まさに「優秀な人材のるつぼ」。集っているメンバーは皆さん地頭もよく、それぞれの持論をしっかりと伝える空気もあり、素晴らしいなと感じていました。

そんな素晴らしい会社でびっくりしたのは、死ぬほど会議が多かった（会議好きだった？）ということです。気が付いたら、朝から晩まで30分単位の会議予定が刻み込まれるようなこともしばしば。もちろん、会議や打合せが多いこと自体は別に悪でもなく、そんな会社は他にもたくさんあるのですが、問題はその会議の「質」です。

典型的な感じでいうと、毎回、その会議のゴールや論点が明確でないまま、声の大きい出席者の何人かが、とにかく言いたいことをバンバン言い始めます。そうすると、他のメンバーも「何かいいこと言わなきゃ…」となって、とにかく、それっぽい賢そうなことを発言する…ということの繰り返し。

はたから見ると、白熱した議論のように見えるのですが、実は全然前に進んでない…。そしてあっという間に会議終了。

そんな状況が、毎日いろいろなところで生じていました。ここにいる人は皆さん優秀なのに、本当にもったいないなぁ…といつも感じていました。

もちろん私も傍観者になる訳にはいかず、悪戦苦闘しながら前に進める努力はしましたが、ほとんどのメンバーがそんなカルチャーに染まっている感じだったので、いつも本当に大変でした。そこの会社に関わっていた期間は1年ほどでしたが、最後の方は「僕も何かいいことを言って、存在感を出さなきゃ…」という症候群に自分もかかっているような気がして恐ろしかったです。

そのときの体験や思い、そして自戒の念もあり、議論を効率よく進め、質の高い意思決定を導く方法を体系化しようという気持ちになり、そこから数年後に、ファシリテーションの解説本を出すことができました。また、その会社での経験が、間違いなく本書（とくにこの章）にも繋がっています。生きていると、いろいろな場面に遭遇しますが、これからも、一つひとつの経験を糧にしていきたいです。

Lev.
6

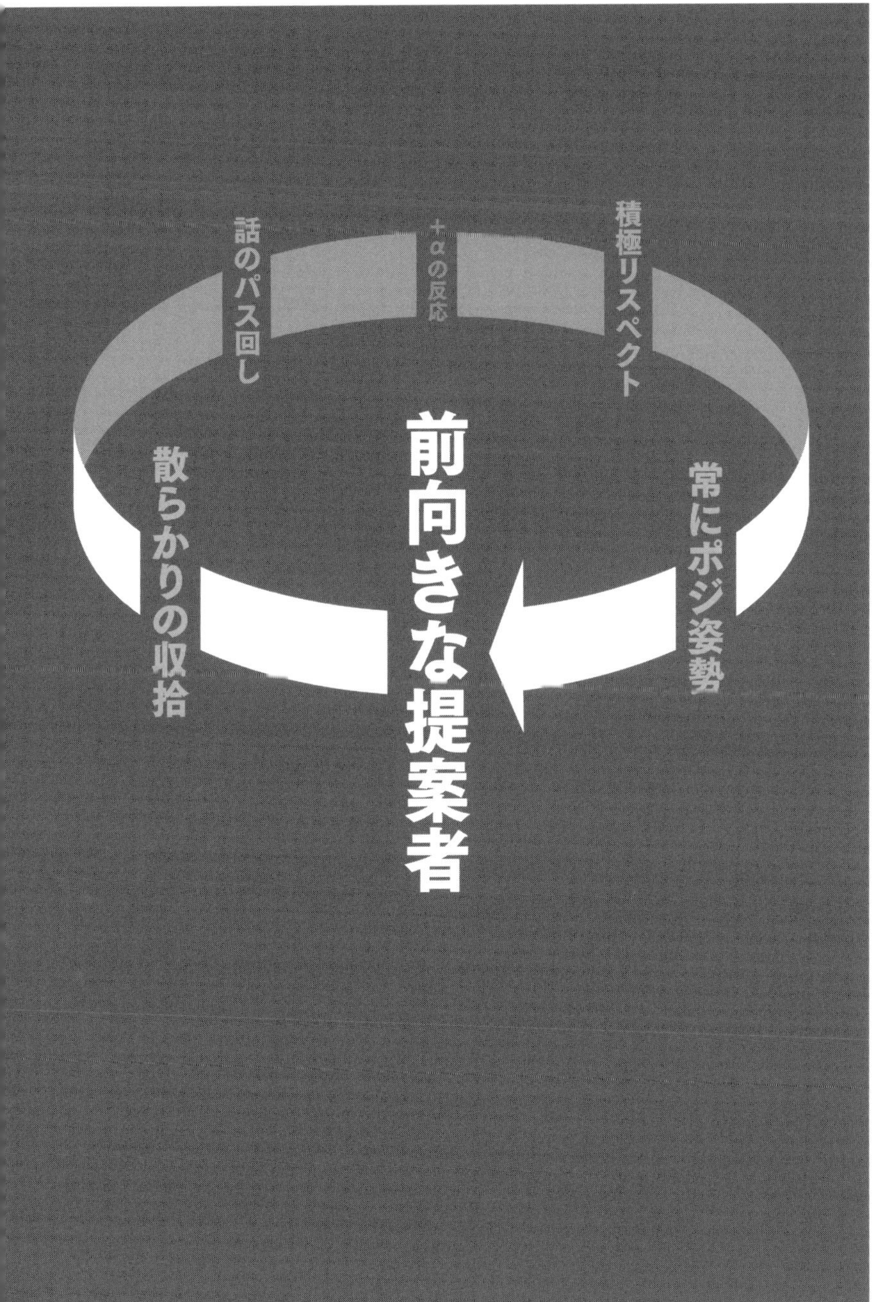

前向きな提案者

常にポジ姿勢

積極リスペクト

+αの反応

話のパス回し

散らかりの収拾

Lev. 6 前向きな提案者 ―概論―

コミュニティを活性化するのは、「あなたの提案」から

コミュニティが安定すると、各メンバーにとって居心地がよい場所となってきます。それは大変よいことなのですが、やることがルーティン化してしまうと、いつしか停滞感が生まれてくるものです。**それを打ち破るために何が必要となるかといえば、「新しい取り組み」や「新しいことへの挑戦」**です。コミュニティを活性化し続けるためには、これしかありません。

逆にそれらが全くないコミュニティにはマンネリ感が漂い、各メンバーがそこにいる意味を見いだせなくなってきます。それで一時解散、となればまだいいのですが、最悪なのは「手持ち無沙汰感」を埋めようとして、人の悪口や愚痴を言って楽し

み始めてしまう…というケースです。逆に言うと、悪口や愚痴が渦巻くコミュニティには、健全な話題や動きがないからそうなっているとも考えられます。人間、あまりに退屈するとロクなこと考えなくなりますから。

「回せる人」の究極の役割とは、コミュニティを活性化するためのサポート、つまり**コミュニティのメンバー一人ひとりに、新しい行動が生まれる「提案」を行うこと**です。仕事でも、プライベートでも、誰が新しい提案をすると、そのコミュニティが次のステップに進んでいきます。

例えば、あるコミュニティで、あなたや誰かが思い切って提案した、何かの取り組みがきっかけで、忘れられない思い出が生まれたり、絆がさらに深まることになったりしたことはありませんか？ 仕事の関係でも、あなたや誰かが提案したことで、業務の効率が改善したり、成果につながったりして、組織がよりよい状態になったことはありませんか？

その基点は「提案者」です。それをあなた自身が担うのです。「回せる人」は、人や場を上手く回すということだけなく、そのコミュニティ自体も回していきましょう。以下、3つのアプローチをご紹介します。

方法① 「ひとり言的」に提案してみよう

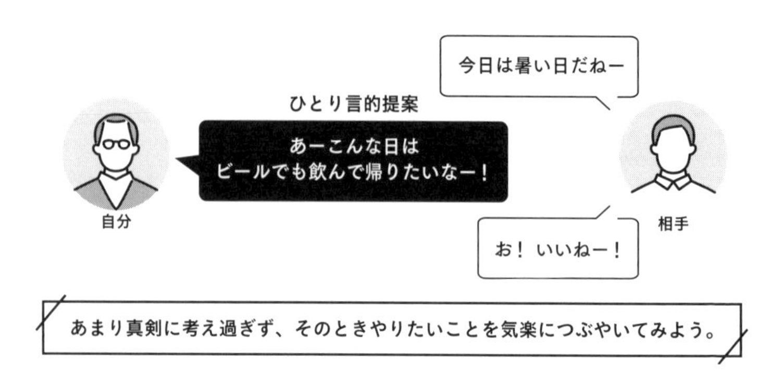

「新しいことの提案」と聞くと、何かとても難しいイメージを持たれるかもしれませんが、全くそんなことはありません。まずは、最も簡単な方法からご紹介しましょう。仕事というよりも、日常生活の中で使う技法です。

それは、**一緒にいる人に対して、今からやりたいこと、やってみたいこと（小さな提案）を、「ひとり言」のように呟いてみる**、という方法です。きっと皆様も、気のおけない仲間といるときは、自然にそんなコミュニケーションを取っているかと思います。まさにそれを、状況をみながら意識的にやってみるのです。最初から、あまり具体的な提案を持ちかける必要はありません。軽く様子見くらいの提案でOKです。

「ひとり言的提案」の例

（例：何人かで旅行に来ている場面）

（相手）「今日は旅行日和のいい天気だね。空気も綺麗だ」

**（自分）「あー、こんな日は星を見ながら
お酒でも飲みたいねー」**

（相手）「たしかに！じゃあお酒買って、テラスから
星でも見ましょうか」

（例：夕方のオフィスで会話している場面）

（相手）「最近、結構忙しいなぁ…ずっとオフィスに
こもりっきりだよね」

**（自分）「そうですよね。久々に外に行きたいです。
スポーツでも観に行ったらスカッとしそう」**

（相手）「おおいいね！そしたら、こんど仕事の後、
近くの神宮球場に野球でも観に行きますか」

（例：会議がやや停滞気味の場面）

（相手）「うーん…なかなか新しいアイデアが出て
こないねぇ…」

**（自分）「気分変えたいですね。
皆で散歩でもしながらしてみるとか…」**

（相手）「たしかに！じゃあお酒買って、テラスから
星でも見ましょうか」

前述の例は、そのときの話の流れに沿っている感じですが、気のおけない友人同士の集まりや、カジュアルな食事会などの場面では、前の話との繋がりをそこまで意識しなくていいと思います。繋がりや必然性を考え過ぎると、パッと言葉として出てきませんし、楽しくそれに乗れる勢いも生まれません。

変なアドバイスに聞こえるかもしれませんが、これは「あえて真面目に考えないこと」が重要かと思います。この技法は、会話自体を活性化するためにも有効であると、『おもろい話し方』（芝山大補著　ダイヤモンド社）で紹介されています。芝山さま、諸々の鋭い着想と豊かな感性に、いつも心から尊敬しております！

ただし、業務の場面で上司がこれをやるときには注意が必要です。指示を出している業務内容そのものに影響を与える「ひとり言提案」は、混乱を招くだけなので避けましょう。また、カジュアルな提案であったとしても、部下としては、上司からの提案なので無下にできず、精神的な負担を与えてしまう可能性もあります。ですので、具体的すぎる提案ではなく、それの呼び水になるような「問いかけ」くらいに留め、それに部下が乗ってきたら「いいねー」と賛同してあげればいいでしょう。

「新しいことの提案」の原点は、こんなアプローチです。冷静に観察してみると、皆様の周りにも、そんなことを自然にやってくれる人がいるのではないでしょうか。

その人からの提案に、周りのメンバーは当たり前のように、「えー、なにそれ」とか「しゃーないなー」とか言いながら、その人からの提案に乗るか乗らないかを決めているだけかもしれませんが、実はその人の単なるわがままではなく、皆のために気をつかってくれているのかもしれませんよ。

そして、提案者を助けるのは「賛同者」です。**その提案に、積極的に乗る人がいるかどうかで、コミュニティの活性度合いが大きく変わってきます**。もしあなたが、提案を受ける側の立場であれば、面白い提案に対して、しっかりと賛同してあげてください。

方法② 「メンバーを喜ばせる」提案をしよう

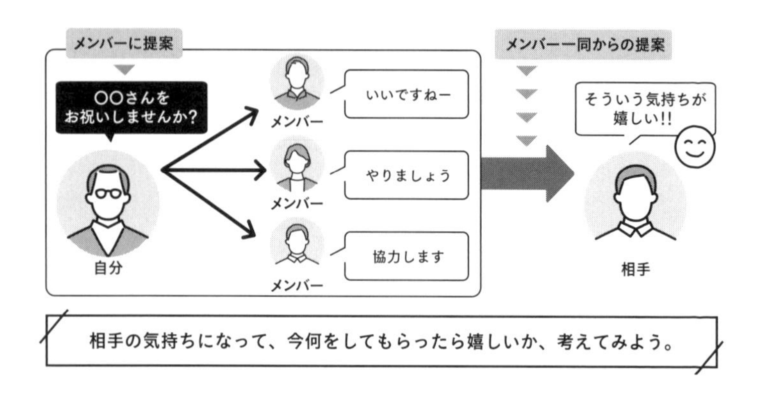

メンバーが、「このコミュニティにいてよかった！」と思ってくれることは、皆にとっても嬉しいことですし、もしあなたが仕事上のリーダーならば、組織の求心力を保つためにも大変重要です。在宅ワークの定着でコミュニケーションの機会が減少している昨今、リーダーが何もしないと、メンバーの心は離れて行きがちです。**求心力を維持するために、意図的に「幸福感」を感じてもらう仕掛けも時として必要**でしょう。

何をすればいいのかと言えば、非常にシンプルです。メンバーの、日常における何かの節目を祝ったり、イレギュラーな困り事があったときに、サポートしてあげたりする提案を、周りのメンバーにもちかける、ということです。自分ひとりでやるのではなく、皆で一緒に考える、ということが重要です。

その過程そのものが、メンバーを思いやる気持ちや、コミュニティを大事に守ろうとする気持ちの喚起に繋がるからです。

少しだけあなたの周りを見渡し、考えてみませんか？ 今、メンバーに対して、どんなことをすると喜んでもらえそうかということを。必ず「大げさなイベント」を催さなければいけない訳でもありません。ささやかなことでも充分です。

「メンバーを喜ばせる提案」をするタイミング例

- 人生の何らかの節目→お祝いしよう
  - **メンバーの誕生日**
  - **結婚が決まったとき** など
- 何かを達成した→お祝いしよう
  - **続けていたある仕事が成功を収めたとき**
  - **掲げていた目標を達成したとき** など
- 何かに困っている→助けよう
  - **人手が足りなくて困っているとき**
  - **いい解決法が見つからないとき** など
- 気持ちが落ちている→励まそう
  - **家族に関する悩みがあるとき**
  - **お仕事に関する悩みがあるとき** など
- （プライベートの）大事な日 → 一緒に盛り上がろう
  - **習い事などの発表の日**
  - **取り組んでいるスポーツの試合の日** など

皆様も、そんな「やさしい気持ち」に溢れた方と出会い、心動かされたことはありませんか？ メンバー同士が、互いに一定の敬意を持って接し、自然に支え合っているコミュニティこそ、日本的であり、また精神的に豊かな世界だと思います。

そして「喜んでもらう」提案によって、相手にとって幸せな時間となるのはもちろんのことですが、**それを行う側にとっても、誰かを支援し、喜んでもらうことで得られる「幸福感」というものも、間違いなく存在します**。ここでは詳しく紹介しませんが、「他人に貢献する行動が、その人自身を幸福にする」ということの検証も、いろいろなところで発表されています。ご存知の方も多いことでしょう。

ぜひあなた自身が属しているコミュニティにおいて、そのきっかけをつくってみませんか？ こういう思いやりの気持ちをもっている人に、好意が集まらない訳はありません。そして自らもきっと豊かな気持ちになるでしょう。そんなことを皆が大事に思えるコミュニティは、きっと素晴らしいものです。

ちょっとしたお願いの仕方

友達や同僚、家族など、誰かに何かちょっとした提案やお願いをする機会は多くあります。どうせなら、相手に受け入れてもらう確率を少しでも高めたいですよね。そのためのコツとして、お願いや提案と一緒に、自分の「気持ち」をセットにして伝えるという方法をおすすめします。これは「アサーション」という、相手に納得感を与えるためのビジネスコミュニケーション技法の応用です。日常生活でも大いに活用できるでしょう。

（お願いの仕方 表現例）

（NG）「〇〇をやってほしい」
→ **「〇〇をやってくれると、本当にうれしい！」**

（NG）「△△をお願いできないかな？」
→ **「△△をお願いできたら、とっても助かります！」**

（NG）「××みたいなこと、やらないで」
→ **「××みたいなことをされてしまと、私はとっても悲しいです」**

こういったコミュニケーションをするために、＋αの負荷がかかることはありません。ならば、やらないよりやった方が得ですよね。感情を表すコトバが無意識に出てくるように、自分の中で表現上のルールにしてしまいましょう。

「何かに挑戦する」提案をしよう

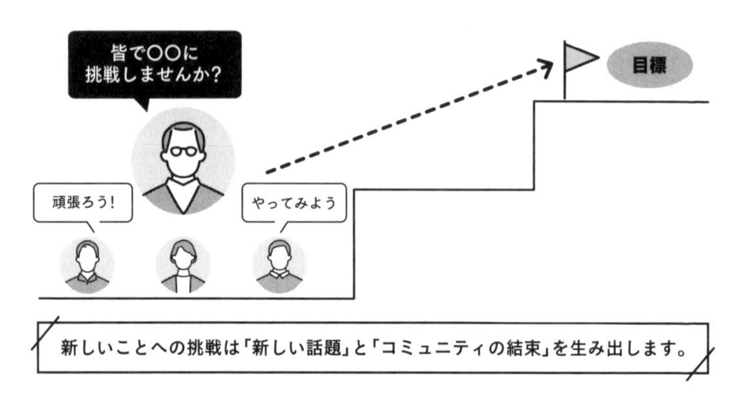

新しいことへの挑戦は「新しい話題」と「コミュニティの結束」を生み出します。

仕事であれ、日常であれ、所属するコミュニティで経験した「メンバーとの思い出」は、かけがえのない一生の財産となります。中でも、**どんな思い出が強く残るかといえば、メンバー全員で、一緒に何かを成し遂げた経験**でしょう。単に楽しかった、ということだけでもいいのですが、「力を合わせた挑戦」には、達成感と充実感が伴います。

いい人生かどうかは、「人とのかけがえのない思い出」をどれだけ積み重ねたかで決まる気がします。そんな思い出をつくる機会をメンバーに提供するのは、「回せる人」の役割です。

「挑戦」と聞くと構えてしまうかもしれませんが、いろいろなレベル感があるので心配いりません。以下、やさしいものから順にご紹介します。できるところから試してみてください。

「何かに挑戦する提案」のイメージ

- 「何かのイベントを行おう」
  - 誰かをお祝いしよう
  - 珍しいゲストを招こう など

- 「皆でどこかに出かけよう」
  - 近くのイベントに行こう
  - 誰かに会いに行こう など

- 「新しいアクティビティを始めよう」
  - 一緒にスポーツや文化的な趣味を始めよう
  - ボランティア活動／地域貢献を始めよう
  - あるテーマについての勉強を始めよう など

- 「協働作業で何かをつくりあげよう」
  - 何かのチーム／サークルをつくろう
  - あるテーマの書籍を共同で執筆しよう
  - 小さな事業を立ち上げよう など

- 「ある共通の達成目標を持とう」
  - ある経済的な成果を得よう
  - ある世の中からの評判を得よう など

ただ、レベルに強弱はあれども「新しい取り組み」である以上、何かしらの労力はかかるものです。そして、「先導役」となる人間に一番負担がかかることは免れないでしょう。では、誰がその労力を割くべきなのでしょうか。

それはもちろん、「回せる人」である、あなたです。

「周りを変えたいと思うなら、まず自分が変わること」

これは、本書全体を通じて伝えたいメッセージでもあります。何で自分がそこまでやらなければいけないのか…と思い、諦めてしまっても構いません。それもあなたの選択です。

ただ、「いつか誰かが私に代わって、何かの楽しい提案をしてくれるだろう…」と期待していても、きっと、永遠に何も起こらないでしょう。

コミュニティに、何の動きもないことを「他責」にして自分で動かないのは、「他人に自分の幸せを決めてもらう」ということと同じ意味です。自分が何もせず、人のせいにしたり、環境のせいにしたりして拗ねていても、結局損をするのはあなた自身です。

きれいごとでも精神論でもなく、普通のことです。**全ては、自分が「いい仕事をする、いい人生を送る」ため**です。

「皆にとってのメリット」を沿える

先ほどご紹介した方法は、他と比べてもやや難易度が高いものです。仮に提案が受け入れられなかったとしても、全く気にする必要はありません。ただ、どうせなら少しでも受け入れられる確率を高めたいですよね。

そのためのちょっとしたコツとして、提案の先にある、「上手くいったときのイメージ」や、「皆にとってのメリット」を添えて伝える方法があります。

ただ「〇〇をしよう」というだけでなく、

「〇〇をすると、きっと△△のように楽しいと思うよ！」

「〇〇への挑戦は、皆の気持ちを△△のようにさせます」

「〇〇に取り組むと、△△のメリットが得られそうです」

そう一言添えてあげるのです。すると、提案内容について、メンバーはより自分ごと化しやすくなります。ビジネスの現場では、何かしらの「提案」が業務の中で発生するものであり、またそれには「理由」や「論拠」も同時に求められます。

カジュアルな場で、そこまで意識的にやることは少ないと思いますが、皆がそういうことをやらないからこそ、そっと入れ込むと効果的なのです。

やらない方がいいこと

① 弱気になりすぎる

積極的に提案することをおすすめすると、「断られたら、ちょっと格好悪いかも…」という不安な気持ちが生まれるかもしれません。そんな気持ちはよく分かりますが、弱気になってしまい、

「別にどっちでもいいんだけど、○○をやってみるとか…」

「例えば○○みたいなこととか、どうかな…」

などのように歯切れが悪くなり、不要に説得力を失ってしまいかねません。

提案がNGだったとしても、相手が「この人、格好悪いな…」なんてことは思いませんし、気にもしていませんよ。また、ここまで積み上げてきたあなたには、コミュニティに欠かせない一員（もしくはリーダー）として人望があるはずです。成立いかんに関わらず、提案の時点でコミュニティに刺激を与えていることには違いなく、評価が下がることなどありません。

② 意地になって食い下がる

繰り返しになりますが、あなたの提案が、必ず毎回受け入れられるとは限りません。提案とはそんなものです。メンバーのこれからを左右するような、重要な提案でない限りは、賛同が得られなければ、さっと引き下がればいいでしょう。

ただ、そこでちょっと意地になってしまい、クドい感じで説得を試みてしまうと、あなたに対してあまりポジティブな印象が生まれません。コミュニティのために提案をしている訳なのに、「強引な人だな…」「わがままな人だな…」なんて思われると損です。提案とは「あなたが承認されること」が目的ではありません。あくまでも結果です。

③ 自分ひとりが無理しすぎる

「コミュニティのために。率先してひと肌脱ごう」という気合いは大変重要ですが、「自分が言い出しっぺだから、誰にも負担をかけないようにしよう…」と思い、自分ひとりだけで頑張りすぎてしまう人もいます（これ、私がよくやってしまうパターンです）。自責の意識も大切ですが、あまりに頑張りすぎると、どこかで疲弊してしまいます。あくまで＋αのことなので、重たい犠牲を払ってまでやる必要はありません。

それなりに労力がかかりそうなら、最初の段階で、役割分担を決めておくことです。こういうことは後から何か言いにくいものです。また、あまりにあなたの自己犠牲的な提案が続くと、周りがずっとあなたに依存してしまう可能性もあります。

応用編 「質問型」の表現で提案してみる

提案といえば、「○○しようよ」とか「○○しませんか」という伝え方になるのが普通です。それで全く問題ありませんが、状況や相手によっては、ちょっとだけ勇気がいることもあるでしょう。そういうとき、少しだけ気持ちのハードルを下げる方法が、「質問型」の表現にするというものです。

「質問型の提案」の表現例

- 「ここで○○をしてみると、面白くないかな？」
- 「○○をやってみることとか、みんなはどう思う？」
- 「○○に取り組むことって、結構難しいかな？」
- 「○○に取り組んだら、何かメリットは出ないかな？」
- 「○○への挑戦は、さすがに私たちには無理かな？」

ストレートに、「○○しましょう」「○○しませんか？」と言われると、明確で分かりやすいのですが、人によっては、YES／NOを迫られている気持ちになってしまい、その提案内容に少しでもネガな部分があると、得られるメリットよりも、リスクを避けようとする気持ちが働き、無難な「何もしない」（つまりNO）の選択に振れてしまいがちです。

これは、行動経済学で「損失回避バイアス」（得られる利得よりも、発生しうる損失を過大に感じる傾向）と呼ばれているものです。提案を「質問」の表現に変えると、自然な会話の流れに乗って、ソフトな印象を与えられるだけでなく、YES／NOで迫られてはいないので、冷静に、その提案内容をイメージしたり、メリットを考えたりする余裕が生まれるのです。

「指摘するのではなく、質問でコントロールする」という技法については、Lev.5でもお伝えしましたが、質問を使う方法は「提案」でも使えるのです。

皆のために動き、自分にとっての「宝物」を得た

あるイベントの幹事として奔走したときのエピソードです。私は昔、大阪府の茨木という街で暮らしており、通っていた高校もその街にありました。卒業から長い年月が経ちましたが、1年生のときのクラスメイトとずっと交流が続いており、近年も一緒に旅行にも行ったりするなど、とてもいい関係が続いています。そして、当時の担任の先生とも交流が続いていました。

ある年の暮れ、ふと先生から連絡があり、「来年の3月末で、いよいよ俺も定年を迎えるんや…」とのこと。あの若かった先生がついにご定年か…。感謝の気持ちと、時の流れへの悔しさが混じり合い、しみじみとしてしまいました。そして、そのお話を聞いたらやることはひとつ。先生の最後のお仕事の日、一番お世話になった私たちが、先生の勤め先の大阪に集い、お迎えしてゴールテープを切ってもらうということです。

で、私が幹事になって…といきたいところですが、その年仕事が多忙を極めており、土日もないような状況。しかも私、大阪でなく東京に住んでいるので…。でもこの企画が実現したら、先生にとって、そしてクラスメートの皆にとっても、一生忘れない素敵な思い出になることは分かっていました。だから思い切って、自分が推進役になり、そこから、仕事の合間を見つけていろいろと動いていきました。

集まる日の「3月31日」は平日で、大阪以外の遠方に住む人間にとっては、かなりハードル高め。でもその日じゃないと意味がない。そこでまず、3月31日に絶対来られる人間を数名確定させ、ドキドキしながら先生に打診したら、快諾してくださいました。

その後は、数名に協力を仰ぎ、他のクラスメートに連絡。SNSでの検索はもちろん、恐ろしく昔の高校の住所録を見ながらダメ元でご実家に電話をかけ、オレオレ詐欺と間違われてもめげず、少しずつ参加者を増やしていきました。最終的には、大阪、東京、愛知、福岡、そしてドイツから、驚くほど多くのメンバーが集まることに。

そしていよいよ当日、ご勤務先の高校にサプライズで花束持って行ったり、会の直前までカラオケ屋にこもって、ウエルカムボードつくったり…もう、えらい大変でしたけど、皆の協力もあって、会は大盛況、無事に幕を閉じました。先生は感激され、そして多くのクラスメートも泣いていました。もちろん僕も。

改めて感じたこととは、コミュニティに活気を与え、そして「一生の思い出」をつくるのは、誰かの「提案」からだということ。もうひとつは、誰かがやってくれるのを待つのではなく、まず自分が動かなければいけないのだということ。このために多くの時間を使ったけど、全然気にしていません。自分の意思と行動で、自分にとっての宝物となる「一生の思い出」を得ることができたから。

エピローグ

「回す力」とは、毎日を豊かに生きる力

皆様、ここまで読み進めていただきまして、本当にありがとうございました。本書でご紹介した内容はいかがでしたでしょうか。皆様にとって、少しでも役に立つ内容となっていれば嬉しいです。それでは最後に、本書を通じて皆様に伝えたかった、著者としての思いを取りまとめ、終章といたします。

日本人が、元来有する「価値観」

日本人は、戦後から現在に至るまで、物質的な豊かさを追い求めるようになり、資産や給与の額、保有している不動産や贅沢品、出入りする高級なお店などを、豊かさの「アイコン」として位置付けてきました。昨今、益々厳しくなる競争環境の中でも、なんとか成果を上げて「物質的な豊かさ」を享受しようと、多くの人が日々努力を続けています。

しかし今後は、そんな「物質的な豊かさ」を感じられる人が減っていく可能性があります。悲しいことに、我が国の経済は衰退の道をひた走っています。可処分所得の減少傾向に歯止めがかからず、所得水準の二極化（というか貧困化）が進行しています。ここから国が本気になり、所得向上につながる政策を遂行しなければ、昨今のエネ・材料費高騰→物価高→企業の業績悪化→賃金減少→購買力の減少という苦しいサイクルから抜け出すことはできません。

かといって、そんな社会から逃げ出すことはできませんし、努力は続けていかざるを得ないのですが、社会や経済全体がそうである以上、努力の対価としての「豊かさ＝物質的な豊かさ」が充分に得られず、多くの方がやむなく「不幸」になっていきます。

でも、「豊かさ」とは本当にそれだけなのでしょうか。

「精神的な豊かさ」の重要性

かつて我々日本人は、自然やそこに宿る八百万の神に対する崇敬や、装飾的ではない「侘び・寂び」の美意識。物質的ではない「精神性」を尊んできました（文学者である中野孝次氏は『清貧の思想』という著書で、「物質的な豊かさ」を追い求める社会の趨勢に対して、そのような精神性を尊ぶことの重要性を説かれています）。

お伝えしたいこととは、「物質的な豊かさ」を享受することに限界が来ている今だからこそ、日本人が大事にしてきた「精神的な豊かさ」の重要性を、再度認識するべきではないかということです。「精神世界にしか、真なる幸福はない」などという、原理主義的なことを言うつもりは毛頭ありません。もちろん、物質的な豊かさも重要です。ただ、ほんの少しだけでも、そんな「精神的な豊かさ」の重要性を意識できれば、日々を生きる「視点」や「行動」が、少し変わる気がするのです。

人との関わりで感じる「豊かさ」

では日常の中において、「精神的な豊かさ」を、多く感じる機会は何かと言えば、「人との関わり」ではないでしょうか。それに勝るものはないと思います。1人でいくら贅沢三昧をしたって、あまり楽しくはないと思います。どれだけ経済的に豊かでも、高い地位を獲得しても、家族や友人、仕事の同僚など、自分の周りにいる人達との関わりがない、あるいはその関わり方がよくないと、幸福感を持つことが難しそうな気がします。

もちろん、お金はあるにこしたことはないし、稼げるならば稼ぐべきですが、それが究極のゴールはなく、それは、いい「人との関わり」をつくるための一手段として捉えてみると、お金を稼ぐための考え方や過程、使い方自体も変わってくるのではないでしょうか。何ごとも、誰かとのポジティブな関わりがあってはじめて「幸福」に昇華するものだと思うからです。

そしてそれは、自分で掴める

そんな、精神的な豊かさを感じるための、いい「人との関わり」が、運次第なのかというと、違います。自分の力でたぐり寄せることはできます。最初から、完璧なコミュニティなどはありません。ならば、自分が少しだけ工夫する、少しだけ変わることで、いい「人との関わり」をつくることに貢献してみてはいかがでしょうか。

何も「性格ごと変えましょう」などと、非現実的なことを言うつもりはありません。人を表面的な部分だけで判断するのではなく、人の個性を理解しようとする姿勢を持つこと。そして自然に人から好感を持たれるよう振る舞うこと。また意外な発想や、ユニークな発言を引き出し、場を愉快なものにすること。そしてコミュニティを活性化していくための、新しい楽しみや挑戦を提案することなどです。それらこそが、人との関わりを通じた「精神的な豊かさの創造」ではないかと考えています。そして、それらを無理なく進めていくための技法を、本書でお伝えしたつもりです。

社会を「生き抜く力」としても返ってくる

そして、そんな「精神的な豊かさ」を尊ぶ姿勢と、それを実現するための、ご紹介した様々なスキルは、競争社会を生きていくための「武器」となり返ってくるでしょう。昨今、AIが著しく進化しています。それによって、今ある多くの仕事や作業が代替されていくことも想定されています。それによって、仕事における「人間の価値」がなくなるかといえば、そんなことはありません。AIが進化を遂げ、いろいろなアイデアや見解を画面の中で生成することができたとしても、それを使って、人や組織をリアルに動かし、目に見える成果を生み出していく「実行」の部分は人間に委ねられることになります。仮に、AIからの指示は必ず人間によって実行され、しなければ機械的に罰せられる…という世がきたらまさに終末ですが、人間がわざわざその世界を選ぶでしょうか。

結局、仕事の計画でも、新商品開発でも、旅行の企画でも、いくらいいアイデアやプランがあっても、誰かが「誰かを動かす」ことをしなければ実現はしないのです。人というのは「感情」を持つやっかいな生き物です。論理的な正しさだけでは動きません。理解はできるが、納得できない。納得できるけど、共感できないから動かない。そんなことは往々にしてあります。結局、物事を動かしていくためには、どんな人が、どんな風にタクトを振るか重要になるのです。そのように、AIにはない人間の価値を、「相手から共感され、相手を動かせること」と位置付けるならば、そのために必要となる重要なスキルのひとつは、「回す力」です。そう信じてやみません。

おわりに

私は人を基点とした「事業変革」を支援する仕事を生業としています。いろいろなプロジェクトに携わっていると、ビジネスの現場で使われているスキルって、プライベートにおいても転用の余地って結構あるのではないかな？　と思うことがたびたびありました。私のよきお兄さん的存在でもあり、親友でもある方と、湘南に出かけているときに、夜の海を見ながら「だったら何かのビジネススキルの転用方法を、次の本で書いてみたら？」と背中を押してくれたことが、本書を書くことになったきっかけです。

そして紆余曲折ありながらも、皆様にご尽力いただいた結果、書籍の刊行が決まり、そこから、ビジネスを通じて蓄えた自分の知見をベースとし、いろいろな方のご意見や体験などを織り交ぜ、書籍として体系的にまとめていく作業が始まりました。それは、本当に楽しい作業でした。

本書でご紹介した「突っ込みや返し」については、Ｉさんとの夜中の電話、度重なる爆笑のやりとりがベースとなって生まれてきたものです。心から感謝しております。もしこれを読んでくれていたら、きっとあのときのやりとりだ、と思い出してもらえるはずです。

そして、本書の刊行に尽力してくれた木村さんには、感謝してもしきれません。公私いろいろな出来事がおありになった中で、最後まで誠実に私との仕事に向き合ってくださいました。よきモチベーターであったFさんには、追い込みの部分で率直なアドバイスをたくさんいただきました。いつもわがままばかり言って本当に申し訳ありませんでした、そしてありがとう。そしていつも人事の視点で鋭いアドバイスをくれるだけでなく、本書を書くきっかけも与えてくれた野崎さん、そして公私で敬愛する大塩さん、人生の宝物をくれたOさんにも、たくさんの貴重なアドバイスをいただきました、皆さん本当に感謝しています。

そして、どんなに仕事で疲弊する日々が続いても、様々な出来事で気持ちが沈んでしまったときも、その元気な笑顔で全てを癒やしてくれて、明日に向けて頑張って一歩を踏み出そうという気持ちにさせてくれる大塚莉子さんに、最大の感謝を述べたいと思います。

執筆しながら、いろいろな人間関係や、過去の出来事を思い出していました。改めて感じたこととは、結局人って、人のためにしか生きられないのではないか？ ということ。もちろん、いろいろな価値観があって然るべきですが、私はそう考えています。原稿を書き進める中で、自分にとってもいい「人生の振り返り」となりました。

本書をきっかけに、多くの方に技法を会得していただき、皆様がいらっしゃるコミュニティが活性化され、豊かな人間関係が生まれることに繋がれば、もうコンサルタントとして思い残すことはありません。いや、まだちょっとあるかな…。

ぜひ、本書についてのご意見や、実践してみたときの手応え、疑問点などを小職にお寄せいただければ幸いです。

そしてこの本を書き終え、無事に本屋さんにならんだときから、また私にとっての新しい挑戦が始まります。その過程の中で、読者の皆様とお会いできることがあればいいなと楽しみにしつつ、明日もまた前を向いて生きて行きたいと思います。

楠本和矢

カバーデザイン
金澤浩二

DTP
安井智弘

イラスト・図版
クロスメディア・パブリッシング

［著者略歴］
楠本和矢（くすもと・かずや）
株式会社grament 代表
大阪府立茨木高校、神戸大学を経て、丸紅株式会社に入社し、新規事業開発を担当。その後、英国系ブランドコンサルティング会社を経て、博報堂コンサルティングに参画。同社の執行役員／ HR専門組織の組織代表を兼任。組織管掌に加えて、プロジェクトの最前線で企画・運営のリード、ファシリテートを継続的に行う。
特に注力しているテーマは、企業の「自律的変革」。マーケティング領域とHR領域の双方で培った経験と知見をベースに、「行動心理の洞察」「知恵の顕在化」「成功の型化」をキーワードとして、多岐にわたるプロジェクトを担当。各回、クライアントからの高い評価と支持を頂き、リピート率は屈指の数値を誇る。
その後、より洗練されたコンサルティングの実現を目指し、株式会社gramentを設立。「自律的変革」というテーマを、幅広くかつ深く追求し、独自のPMO型コンサルティングを展開している。加えて、講演・企業内研修、関連テーマの執筆・コメンテート、幼児向け教育事業の支援等を行う。
著書として『TRIGGER 人を動かす行動経済学 26の切り口』（イースト・プレス）『企業の生産性を高める パワーファシリテーション』『人と組織を効果的に動かす KPIマネジメント』（すばる舎）『龍馬プロジェクト一日本を元気にする18人の志士たち』（共著、ビジネス社）『サービス・ブランディング』（共著、ダイヤモンド社）などがある。

人（ひと）・場（ば）・組織（そしき）を回（まわ）す力（ちから）

2024年9月1日　初版発行

著　者　楠本和矢

発行者　小早川幸一郎

発　行　株式会社クロスメディア・パブリッシング
〒151-0051 東京都渋谷区千駄ヶ谷4-20-3 東栄神宮外苑ビル
https://www.cm-publishing.co.jp
◎本の内容に関するお問い合わせ先：TEL(03)5413-3140／FAX(03)5413-3141

発　売　株式会社インプレス
〒101-0051 東京都千代田区神田神保町一丁目105番地
◎乱丁本・落丁本などのお問い合わせ先：FAX(03)6837-5023
service@impress.co.jp
※古書店で購入されたものについてはお取り替えできません

印刷・製本　株式会社シナノ

　ISBN978-4-295-41004-1　C2034